Arnold Lazarus/Allen Fay:

Ich kann, wenn ich will

Anleitung zur psychologischen Selbsthilfe

Aus dem Amerikanischen von
Wolfgang Pauls

Klett-Cotta
im
Deutschen
Taschenbuch
Verlag

dtv

Ungekürzte Ausgabe
1. Auflage Februar 1985
Deutscher Taschenbuch Verlag GmbH & Co. KG,
München

Titel der amerikanischen Originalausgabe:
I Can If I Want To
William Morrow and Company, Inc., New York

ISBN 3-608-95143-1
Umschlaggestaltung: Boris Sokolow
Gesamtherstellung: C. H. Beck'sche Buchdruckerei,
Nördlingen
Printed in Germany · ISBN 3-423-15002-5
5 6 7 8 9 10 · 94 93 92 91 90 89

Das Buch

Viele Menschen leiden darunter, daß sie sich hilflos fühlen, sich nicht durchsetzen können, einsam oder einfach unglücklich sind. Kontaktschwierigkeiten, mangelndes Selbstvertrauen, Angst vor Risiken, das zwanghafte Bemühen, es allen recht zu machen, oder übersteigertes Leistungsstreben nehmen die Freude am Leben. Wie kann man dieser Misere beikommen? Lazarus und Fay haben nicht den Stein der Weisen gefunden, aber sie wissen, daß ihn jeder selbst in der Tasche trägt. Ihn zu entdecken helfen sie mit diesem Buch. Es setzt sich mit den Einstellungen und Handlungen auseinander, die das psychische Elend des einzelnen verursachen. Der Mensch hat diese Verhaltensweisen irgendwann gelernt – und deshalb kann er sie auch wieder verlernen. Die Autoren demonstrieren an vielen alltäglichen Beispielen die zwanzig exemplarischen Fehler, mit denen man sich, ohne es zu bemerken, selbst ruiniert. Und sie zeigen die Möglichkeiten, diese Fehler selbständig zu überwinden. Seelische Probleme müssen nicht immer gleich beim Psychotherapeuten landen. Es gibt Wege, auch ohne dessen analysierende, beratende und kontrollierende Hilfe sich selbst zu helfen, Lazarus und Fay beschreiben sie.

Die Autoren

Arnold Lazarus ist Professor für Psychologie an der Rutgers University von Newark, New Jersey, und Autor zahlreicher wissenschaftlicher Publikationen.
Allen Fay ist praktizierender Psychiater in New York City und lehrt Verhaltenstherapie an der Mount Sinai School of Medicine of CUNY.

Inhalt

Wer wir sind und wie dieses Buch zustande kam

Dieses Buch ist das Ergebnis einer persönlichen und beruflichen Verbindung, die auf den Herbst 1972 zurückgeht, als wir, die Autoren, bei einem Arbeitstreffen zusammenkamen, das einer von uns, Arnold Lazarus, leitete. Es ist Ausdruck der Zusammenarbeit eines Psychologieprofessors, dessen Hauptbeschäftigung es ist, Therapeuten auszubilden, und der außerdem eine Teilzeit-Therapie-Praxis führt, mit einem hauptberuflich tätigen Psychiater, Allen Fay, der nebenher Heim-, Schul- und Klinikpersonal sowie Medizinstudenten unterrichtet.

In den vergangenen drei Jahren haben wir gemeinsam viele Erfahrungen gesammelt. Während wir unseren jeweiligen persönlichen Arbeiten nachgingen, haben wir uns gegenseitig bei den Gruppen- und Einzelsitzungen des anderen dazugesetzt, sind unsere Ko-Therapeuten gewesen, haben zusammen Arbeitstreffen und Seminare geleitet und Informationen über eine Reihe von Themen ausgetauscht. Es wurde immer deutlicher: Obwohl unsere Ausbildung und sonstigen Hintergründe sehr unterschiedlich waren, hatten wir ähnliche therapeutische Stile, ähnliche Methoden und Techniken entwickelt und waren wir zu annähernd identischer Weltanschauung und Lebensphilosophie gekommen. Wir haben buchstäblich Stunden damit verbracht, unsere Enttäuschung über die Beschränkungen in Kunst und Wissenschaft der Therapie zu diskutieren und die Ernüchterung zu problematisieren, die die Parteiengläubigkeit bei uns hervorgerufen hat, mit der jede psychologische Richtung beansprucht, *die* Antwort geben zu können, den einzig richtigen Ansatz zu haben.

Als wir uns gegenseitig bei der Arbeit beobachteten, unser Versagen und unsere Erfolge diskutierten, schwierige Fälle gemeinsam berieten, unsere persönlichen Probleme aufdeckten, stellten wir fest, daß Leute mit sehr verschiedenen Schwierigkeiten doch immer und immer wieder dieselben grundlegenden Fehler zu machen scheinen. Das brachte uns dazu, eine Reihe verschiedener Methoden zu testen, die geeignet sein könnten, in kurzer Zeit die üblichen Fehler zu beseitigen, die soviel Leid hervorrufen. Unsere Schlußfolgerungen veranlaßten uns dazu, dieses Buch zu schreiben.

Was wir über Menschen gelernt haben und wie wir planen, Ihnen beim Sichändern zu helfen

Warum kommen so viele Menschen zu uns, die hart arbeiten, erfolgreich und produktiv sind, Menschen, die »es geschafft haben«, die aber nichtsdestotrotz Angst haben, sich unglücklich, leer und innerlich unerfüllt fühlen? Ihnen wurde gesagt, sie sollten »vorankommen«, »gewinnen und besser sein als andere«, »eiskalt sein«, »etwas leisten und Erfolg haben«.
Und sie taten es. Und mehr noch: Sie wahrten den Schein, sie lernten, wie sie Leute beeindrucken und anderen gefallen konnten, wie sie ihre Fehler verbergen und ihre Gedanken und Wünsche für sich behalten konnten. Sie strengten sich an und übertrafen sich selbst. Sie versuchten, auch was das allerneueste betraf, auf dem laufenden zu bleiben. Sie hatten den Hang, nach Perfektion zu streben. Sie beobachteten ihre Sprache, ihr Verhalten und ihr Benehmen. Sie gammelten nie. Aber keiner von ihnen schien glücklich zu sein. Statt dessen waren sie oft ängstlich, zwanghaft oder einfach unglücklich. Oft litten sie unter Magen- und Darmgeschwüren, Verspannungskopfschmerzen oder Schlaflosigkeit.

Irgend etwas stimmt da nicht!

Ein hervorragender Chirurg, der von weiten Kreisen geachtet und bewundert wurde, vertraut uns an, daß er das Leben sinnlos findet. Er kommt aus »bester« Familie. Er war auf den »besten« Schulen, er hat in den »besten« Krankenhäusern gearbeitet und er hat es zu Ruhm, Vermögen und Anerkennung gebracht. Und dann findet er das Leben sinnlos!

Ein anderer Mann glaubt, daß er unglücklich sei, weil er nicht zu Ruhm und Reichtum gelangt ist. Er war nicht auf den »besten« Schulen und hatte nicht die »richtigen« Kontakte. Hätte er's doch nur »geschafft«, dann wäre er glücklich!

Eine fünfundvierzigjährige Frau, die vor etwa zwanzig Jahren zweimal Schönheitskönigin gewesen war, fühlte sich während der letzten zehn Jahre mehr und mehr depressiv. Sie hat nie gelernt, viel Wert auf irgend etwas außer auf die äußere Erscheinung zu legen, und jetzt, wo ihr jugendliches Aussehen zu welken beginnt, quält sie sich und hat nichts, womit sie es wiederherstellen oder ersetzen könnte.

Unsere Werte, Meinungen und Einstellungen kommen von Menschen her, mit denen wir zusammen sind — insbesondere von unseren Eltern, Lehrern, Spielkameraden und Freunden —, von den Massenmedien und von einer Reihe anderer Erfahrungen. Wenn wir versuchen, den Wegweisern zum erfolgreichen und glücklichen Leben zu folgen, die unsere Gesellschaft aufgestellt hat, dann werden viele von uns am Ende erfolglos und unglücklich sein. *Andere, die es gut meinten, haben uns (und sich selbst) dahin irregeführt, einer Menge von Täuschungen darüber aufzusitzen, wie man ein befriedigendes Leben führt, das aller Mühen wert ist. Wie wir uns alldem zum Trotz aus diesen absurden und zerstörerischen Vorstellungen befreien können, das ist das Thema dieses Buches.*

Diese falschen Werte machen uns »krank«, durch sie bekommen wir Angst vor Kritik und Ablehnung, neigen wir zu

Schuldgefühlen und sind wir besessen von unvereinbaren Gegensätzen wie »Erfolg haben« und »versagen«. Diese Irrtümer vermengen sich mit jedem Bereich unseres Lebens. Sie beeinträchtigen die sexuelle Erfüllung, untergraben die Beziehung zwischen Mann und Frau, Eltern und Kind, Arbeitgeber und Arbeitnehmer, und sie zerstören die Möglichkeit zu echter Freundschaft.

Fast jeder, mit dem wir über diese falschen Auffassungen gesprochen haben, scheint sich ihrer bewußt zu sein. Sie alle legen Lippenbekenntnisse ab über die negativen Folgen von überzogenem Konkurrenzstreben, extremen Graden von Ehrgeiz, Gefallen-Wollen, Maskenhaftigkeit und verlogenem Äußeren. Unsere Patienten oder Klienten erzählen uns, daß sie von alldem wissen, und trotzdem machen sie in allen Bereichen ihres Lebens auch weiterhin das, was sie selbst verurteilen. Wir sind noch nie einem Menschen begegnet, der, gleichgültig, wie humanistisch und wie wenig materialistisch er ist, gleichgültig, wie vernünftig er zu sein scheint, nicht wenigstens einige dieser üblichen Fehler macht und dessen Leben eben deshalb weniger erträglich und lebenswert ist! Sich nur über die verschiedensten Fehler bewußt zu sein, die verheerende Folgen verursachen, reicht nicht aus. Wir müssen etwas gegen sie *tun*. Ehrlich, gründlich und systematisch die Dinge neu zu durchdenken, ist zwar der erste Schritt in Richtung auf eine positive Veränderung unseres Erlebens und unserer Gefühle. Aber neu durchdenken allein ist nicht genug. Darüber hinaus müssen wir auch anders handeln, wir müssen *unser Verhalten ändern*, wenn wir wirklich unser Leben ändern wollen.

Dieses Buch kann Ihr Leben ändern! Davon sind wir überzeugt, und wir wollen Ihnen zeigen, wie Sie das in Angriff nehmen und fertigbringen können.

Folgendes werden wir Ihnen aufzeigen:

1. Grundlegende Fehler, die Ihr Leben zerstören.
2. Fälschliche Annahmen, die diesen Fehlern zugrunde liegen.
3. Die zwei Methoden, mit denen Sie die Fehler bekämpfen können:
   a) indem Sie Ihr Denken ändern;
   b) indem Sie Ihr Verhalten ändern.

Sie brauchen sich nicht erst durch Hunderte von Wörtern hindurchzuarbeiten, um an die grundlegenden Informationen heranzukommen. Diese werden Schritt für Schritt in einer leicht lesbaren Form herausgestellt. Fühlen Sie sich von der Einfachheit des Textes und den Wiederholungen nicht auf den Arm genommen! Wissenschaftliche Untersuchungen haben gezeigt, daß dies zwei wesentliche Elemente des Lernens und der psychischen Veränderung sind.

Wenn Sie von den verschiedenen Fehlern und den sie begleitenden falschen Schlußfolgerungen lesen, werden Sie höchstwahrscheinlich meistens einige von Ihren eigenen falschen Auffassungen erkennen.

Wir empfehlen Ihnen: Konzentrieren Sie sich auf die Fehler, die am meisten auf Sie zutreffen und gehen Sie nach den Strategien vor, die speziell dazu bestimmt sind, diese Fehler zu beseitigen.

Dieses Buch deckt die meisten *allgemeinen Fehler* ab, die wir bei unseren Klienten, Kollegen, Freunden, Bekannten und bei uns selbst beobachtet haben. Sie mögen einige Überschneidungen zwischen den Fehlern feststellen, aber jeder Fehler, so meinen wir, hat ganz bestimmte Besonderheiten, die es verdienen, gesondert behandelt zu werden.

Wir haben unsere Vorstellungen aus vielen Quellen heraus entwickelt, einschließlich — natürlich — der Erfahrungen aus unserer Arbeit als praktizierende Psychologen. Wir hoffen, daß die Art und Weise, in der die Ideen und Strategien dargestellt sind, so anders und überzeugend ist, daß sich dieses

Buch von all den psychologischen Jungmühlen-Veröffentlichungen abhebt — als ein Handbuch, das zeigt, wie man Probleme anpacken kann.
Wir können nicht jeden nennen, von dem wir Ideen übernommen haben, stark und weitreichend beeinflußt sind wir aber von Albert Bandura, Albert Ellis, Jay Haley, Sidney Jourard, O. H. Mowrer und Andrew Salter.
Besonderen Dank schulden wir all denen, die uns zu Rate gezogen haben — von ihnen haben wir das meiste gelernt.

Auf geht's!

Anders als alle anderen Lebewesen haben die Menschen die einzigartige Fähigkeit, sich in kürzester Zeit ändern zu können. Menschen sind in der Lage, unmittelbare und langwirkende Entscheidungen zu treffen, die einen starken, tiefgehenden Einfluß auf ihr gefühlsmäßiges Wohlergehen haben können. Mit anderen Worten: Sogar dann, wenn jemand sich jahrelang in irgendeiner ganz bestimmten Situation immer wieder falsch oder »neurotisch« verhalten hat, kann eine systematische korrektive Übung das Problem häufig im Handumdrehen aus der Welt schaffen. Etliche Male haben wir das miterlebt.

Zum Beispiel litt eine Frau jahrelang unter Anfällen von Angst. Sie hatte über all die Jahre hin diverse Psychiater und ein paar Psychologen aufgesucht, aber weiterhin schränkte die Angst ihr Leben, ihren Grad an Aktivitäten ein. Wir schlugen ihr folgende Prozedur vor: »Sprechen Sie zu Ihrer Angst, als wäre sie ein ungezogenes Kind! Sie können sagen ›Jetzt hör aber sofort auf damit!‹, ›Jetzt benimm dich aber!‹, ›Schluß! hab' ich gesagt!‹. Bleiben Sie dabei, die Angst in dieser Weise zu maßregeln, nichts weiter! Eine Reihe von Leuten ist der Meinung, daß das die Angst schwächt und zum Verschwinden bringt.« Und, tatsächlich, die Frau probierte die »Hör-auf«-Technik aus und zu ihrer großen Überraschung stellte sie fest, daß sie ihre Angst in Schach halten konnte. Nach und nach

gewann sie Selbstvertrauen und bald überwand sie die schwächende Angst völlig. Es war also eine einfache Technik, die es ihr ermöglichte, ihr Leben zu ändern.
Sie mögen denken, das sei grotesk. Wie kann sich so eine einfache Technik als so erfolgreich erweisen? Schließlich sind menschliche Probleme viel zu komplex, um auf irgendeine so simple Art weitreichende, stabile Erfolge erzielen zu können! Ist es etwa nicht so, daß Probleme im Gefühlsleben zeitraubende Prozeduren verlangen, um sie zu verstehen und völlig zu überwinden?! NEIN! Dieser Irrglauben bringt viele Menschen dazu, die Hoffnung darauf aufzugeben, daß sie ihr Leben ändern und ihre emotionalen Probleme beseitigen können.
Die folgenden Märchen darüber, wie man sich ändert, sind am meisten verbreitet:

1. Märchen: Wenn du weißt und verstehst — mit anderen Worten: wenn du weißt, warum du so bist, wie du bist, oder warum du die Dinge tust, die du tust, oder warum du so fühlst, wie du fühlst — dann wirst du dich auch ändern.
2. Märchen: Wenn du die Ursachen nicht kennst, die hinter deinem Verhalten stecken, dann wirst du dich nicht ändern.
3. Märchen: Es dauert lange, sich zu ändern. Schließlich hast du ja auch lange Zeit Probleme gehabt.
4. Märchen: Wenn du dich ziemlich schnell änderst, ist es oberflächlich und hält nicht lange.
5. Märchen: Häufig ist es unmöglich, sich zu ändern. »So bin ich nun mal, und so bleib' ich auch!«
6. Märchen: Wenn Du erstmal in den mittleren Jahren oder älter bist, ist es zu spät, sich zu ändern.

Diese üblichen und alltäglichen Überzeugungen sind absolut falsch und bringen viele Menschen dazu, an ihrer Fähigkeit, sich zu ändern, zu zweifeln.
Ja, aber was behaupten wir statt dessen? Daß alle oder fast alle Fälle von Angst mit der »Hör-auf«-Methode bekämpft werden können? Daß die meisten unserer vielschichtigen Probleme mit einer einfachen Prozedur gelöst werden können? Nein. Wir sehen ganz deutlich, daß es oft keinen Ersatz gibt für das systematische Verlernen falscher Einstellungen, selbstzerstörerischen Verhaltens und unangenehmer Gefühle. Trotzdem muß ein Punkt nachdrücklich hervorgehoben werden: Wir haben zahlreiche Leute mit langdauernden und scheinbar schwierigen, verwickelten Problemen gesehen, *die von dem Augenblick an, als sie anfingen, die Grundregeln und Verfahren anzuwenden, die in diesem Buch dargestellt sind, geradezu dramatisch ihr Leben geändert haben.*
Mit anderen Worten: Sobald jemand sich entscheidet, einen neuen Kurs in seinen Handlungen einzuschlagen — indem er/sie sich Notizen macht, wie wir es vorschlagen, indem er/sie die empfohlenen Risiken eingeht und all die anderen Aufgaben ausführt, die hier beschrieben werden — so ist das schon der erste Schritt einer Veränderung, die ihm/ihr bemerkenswerten Nutzen bringen kann.
Warum sollten ausgerechnet *Sie* anders sein als diese Leute? Sie sind nicht anders, und sobald Sie dieses Buch lesen, werden Sie in der Lage sein, Ihr eigenes falsches Verhalten und Ihre falschen Einstellungen zu erkennen. Und dann, wenn Sie die korrigierenden Übungen durchführen, die wir Ihnen hier anbieten, werden Sie eindeutige Verbesserungen in Ihrer Selbstachtung und Ihrem Selbstvertrauen feststellen. Wir schätzen, daß Sie dieses Buch an *einem Tag* lesen, Ihre eigenen »neurotischen« Fehler bemerken, anfangen, sich Notizen zu machen, ein paar neue Verhaltensweisen ausprobieren, alles ein wenig überdenken können und deshalb beginnen, in Ihrem Leben

eine deutliche Veränderung hin zum Besseren zu spüren. Haben Sie einmal angefangen, einen festgelegten Weg korrektiven Denkens und konstruktiven Handelns zu gehen, werden Sie Stunde um Stunde und Tag um Tag mehr und mehr gründliche, bedeutsame und befriedigende Veränderungen erleben. Das ist der Grund, warum wir diesem Buch den Titel *Ich kann, wenn ich will* gegeben haben.

Therapie als Lernprozeß

Wir betrachten Therapie als einen Lernprozeß. Lange haben wir gebraucht, um herauszufinden, wie einfach es sein kann, Schmerz und Leid zu beseitigen, die schon zu einer Art lebenslänglichem Persönlichkeitsmerkmal geworden waren. Wir mußten viele der Einstellungen und Theorien verändern, die wir während unserer Ausbildung und in unseren eigenen Therapien gelernt hatten. Zum Beispiel mußten wir feststellen, daß Menschen mit Problemen nicht irgendwie mangelhaft sind, daß Probleme im Gefühlsleben — auch ernsthafte — keine Krankheiten sind, daß wir keine Gefangenen tiefsitzender unbewußter Kräfte sind und daß Therapeuten den Leuten, die zu ihnen kommen, nicht überlegen sind. Wenn jemandem gründlich beigebracht worden ist, schlechte Angewohnheiten als Krankheiten anzusehen, nach versteckten Bedeutungen zu suchen, aus nebensächlichen Äußerungen Bemerkungen von größter Wichtigkeit herauszuhören, Menschen und ihre Probleme zu diagnostizieren, zu klassifizieren und gar abzustempeln, dann fällt es ihm schwer, eine der grundlegendsten Wahrheiten zu erkennen: *Psychische Veränderung erfordert vielmehr, daß wir unsere Probleme im Hier-und-jetzt lösen, statt daß wir uns in das vertiefen, was vorher war oder in Zukunft sein wird.*

Als einer von uns am ersten Tag seiner therapeutischen Gruppenarbeit noch ein wenig unbeholfen wirkte, gab ihm ein fortgeschrittener Student den Rat, zwei Leitfäden zu folgen, um sich Schwierigkeiten zu ersparen: »Beantworten Sie den Klienten keine Fragen und erzählen Sie nichts von sich selbst!« Das war der schlechteste aller möglichen Ratschläge! Psychische Probleme sind gelernt. Menschen *lernen* zu denken, zu sprechen und sich so zu verhalten, wie sie es tun, und sie können die nutzlosen oder die ihnen schadenden (neurotischen) Verhaltensmuster, die sie sich angeeignet haben, auch wieder *verlernen.* Eine der wesentlichsten Verhaltensweisen, bei denen man lernt, ist die Beobachtung, das Teilen von Erfahrungen. Deshalb nimmt der Therapeut/die Therapeutin, der/die sehr wenig von sich spricht und fast alles von sich selbst verschließt, dem Patienten oder Klienten die Möglichkeit einer Lernerfahrung, die notwendig für seine Veränderung ist.

Wir sind der festen Überzeugung, daß Therapie eher ein Lern- als ein Heilungsprozeß, eher Entwicklung als Behandlung ist.

Wenn man erst einmal zu der Einsicht gelangt ist, daß das Überwinden psychischer Probleme ein Lernprozeß ist, dann ist das Konzept des *Selbst-Lern-Prozesses* leicht zu verstehen. In derselben Weise, wie es möglich ist, sich das Kochen, eine Sprache oder das Schreibmaschinenschreiben beizubringen, ist auch psychologische Selbsthilfe durchaus möglich. Und tatsächlich ist auch in der neuesten Fachliteratur die Anzahl der Daten enorm angewachsen, die den Wert der Selbstbeeinflussungs- und Selbsthilfemethoden bestätigen.

Psychisches Leid ist selbstverursacht

Die Bereitschaft, psychisches Leid äußeren Quellen zuzuschreiben, ist weit verbreitet. Dies zu tun ist aber einer der ernstesten psychologischen Fehler. Die Leute sagen: »Seine Bemerkung hat mich aufgeregt.« »Ihre Kommentare haben mich verletzt.« »Es hat mich unglücklich gemacht, daß er aus dem Zimmer ging.« In Wirklichkeit regt sich niemand über Bemerkungen, Kommentare und Feststellungen auf, und sie verletzen auch niemanden. *Die Leute regen sich selbst über diese Feststellungen oder Ereignisse auf.* Das Sprichwort »Stock und Stein bricht mir's Bein, doch Worte bringen niemals Pein!«* bleibt (wie die meisten Sprichwörter) tiefgründig wahr. Obwohl wir solche Gedanken als Kinder aussprechen, nehmen wir sie als Erwachsene nicht ernst. Täten wir es, dann würden wir sagen: »Ich habe mich selbst über seine Bemerkung aufgeregt«, anstatt der psychologisch gesehen falschen Version »Seine Bemerkung hat mich aufgeregt«. Entsprechend würden wir sagen »Ich habe mich selbst über ihre Kommentare verletzt«, »Aufgrund der Tatsache, daß er mich ignorierte, habe ich mir selbst Kummer bereitet«.

Solange wir fälschlicherweise äußere Ursachen für unsere Miseren verantwortlich machen, wird es uns nicht möglich sein, viel gegen sie zu unternehmen. Wie auch immer, wenn wir einsehen, daß *wir uns selbst aufregen* über das, was uns passiert, dann können wir auf eine Änderung hinarbeiten. Der erste Schritt ist die Frage: »Wie genau bringe ich es zustande, mich aufzuregen?« Auf diese Weise finden wir die Anhaltspunkte dafür, wie wir es vermeiden können, uns aufzuregen.

Zum Beispiel war ein junger Mann äußerst deprimiert, weil seine Freundin sich weigerte aufzuhören, sich mit anderen

---

* Das amerikanische Sprichwort heißt im Original: »Sticks and stones may break my bones but words can never hurt me!« (d. Übers.)

Männern zu verabreden. »Ihr Verhalten regt mich wirklich auf«, sagte er. »Nein«, antworteten wir, »Sie regen sich selbst auf über ihr Verhalten!« Und wir fragten ihn: »Wie bringen Sie es fertig, sich so tief davon aufwühlen zu lassen? Was sagen Sie zu sich selbst?« Es dauerte etwa 10 Minuten, um herauszubekommen, daß er sich dadurch so erregte, daß er in folgenden eingefahrenen Bahnen dachte: »Ich versage als Mann. Wenn ich überhaupt nur zu ein bißchen was gut wäre, würde sie ausschließlich mit mir ausgehen wollen. Da muß irgendwie was ernsthaft nicht stimmen mit mir. Sicher findet sie, daß andere Männer besser aussehen als ich, männlicher, interessanter und anregender sind. Ich werde wohl nie jemanden finden, der mich wirklich für soviel wert hält, daß er, beziehungsweise sie, nur mit mir zusammensein möchte.« Sobald wir wußten, wie er es so »erfolgreich« schaffte, sich selbst zu deprimieren, waren wir in der Lage, ihm zu zeigen, wie er es schaffen könnte, damit aufzuhören, sich selbst so unglücklich zu machen über den Mangel an Leidenschaft für ihn, den er im Verhalten seiner jetzigen Freundin sah. Wir forderten ihn auf, jede seiner negativen Feststellungen über sich selbst in Frage zu stellen. »Wie können Mißerfolge bei einer Frau (oder auch bei zehn Frauen) sich dazu aufaddieren, daß man zum Versager *als Mann* wird? Solche Mißerfolge bedeuten doch lediglich, daß sich ein Verhältnis nicht so entwickelt hat, wie man es gehofft hatte! Über dich als Mann im allgemeinen sagen sie doch überhaupt nichts aus! Und woher weißt du denn, daß nicht etwas in ihr es ihr unmöglich macht, den Grad von Anhänglichkeit zu entwickeln, den du dir wünschst!?«

Wenn wir erkennen, wo sich der Kontrollpunkt befindet — *in unseren Köpfen und nicht in den äußeren Ereignissen* — dann sind wir in der Lage, damit zu beginnen, etwas zu unternehmen, um die Art und Weise, in der wir Ereignisse wahrnehmen, zu verändern — das ist der springende Punkt! Falls Sie sich selbst unglücklich machen, wenn Ihr Mann (oder Ihre

Frau) Sie anschreit, wenn Ihre angeheirateten Verwandten Sie besuchen oder wenn der Hund Ihres Nachbarn bellt, dann müssen Sie als erstes genau ausfindig machen, wie Sie es anstellen, dieses Unglücklichsein entstehen zu lassen. Und dann können Sie sich entschließen, etwas dagegen zu tun.

Wie Sie sich ändern

Jetzt wollen wir darangehen, Ihnen zu zeigen, wie Sie es schaffen können, sich zu ändern. Wir wollen den spezifischen Ansatz darstellen, der in diesem Buch ausgeführt ist. Denken Sie daran: Die Menschen machen fälschlicherweise äußere Faktoren für ihre Stimmungen und ihr Verhalten verantwortlich! Wie oft haben *Sie* schon so etwas gesagt wie: »Er hat mich wütend gemacht.« »Sie hat mir den Tag versaut.« »Die Kinder bringen mich noch ins Irrenhaus.« »Meine Schwägerin bringt mich auf die Palme.« »Seine Einstellung regt mich auf«? Unserer Ansicht nach legen Sie — wie fast jeder andere auch — Ihre Gefühle und Reaktionen oft in äußere Ereignisse hinein, schreiben dem Außen das zu, was in *Ihrem* Innern geschieht. Man hat uns einfach nicht beigebracht zu sagen: »Ich habe mich selbst ärgerlich gemacht über ihre Bemerkung.« »Ich habe Ihrem Verhalten erlaubt, meinem Vergnügen in die Quere zu kommen.« Nur wenige Menschen ziehen die Konsequenz daraus und sprechen und denken auf die richtige Art und Weise. Sie schaffen sich damit unmittelbar Möglichkeiten, unangenehme Situationen unter Kontrolle zu bekommen. Derjenige, der sagt, »Ich rege mich selbst darüber auf, daß meine Frau zu spät nach Hause gekommen ist«, anstatt des üblichen »Meine Frau regt mich damit auf, daß sie zu spät nach Hause kommt«, kann sich auf diese Weise fragen, wie er dazu kam, sich aufzuregen. Dadurch kommt er in die

Lage zu lernen, wie er es in Zukunft unterlassen kann, sich aufzuregen.
Die grundlegende Lehre einer Schulrichtung der Psychotherapie — der *rational-emotiven*, also der geistig-gefühlsmäßigen Therapie — ist die uralte Beobachtung, daß wir nicht von den Dingen — den äußeren Ereignissen — beeinträchtigt werden, sondern davon, daß wir sie beurteilen — von unseren eigenen Wahrnehmungen. Viel in unserem Denken leitet sich von dieser Schulrichtung her, und wir treten überzeugt für ihre grundlegenden Lehren ein. Wenn Sie diese Philosophie akzeptieren — es ist unser Ziel, Sie zu überzeugen, daß sie wahr und treffend ist — und wenn Sie Ihre Reaktionen und Ihre Handlungen ändern wollen, dann finden Sie hier, was Sie tun müssen:

1. *Sprechen Sie mit Ihren Freunden über die Beziehung zwischen äußeren Ereignissen und den Reaktionen der Leute auf diese Ereignisse.*
Eine gute Methode, sich selbst etwas beizubringen, ist, es anderen beizubringen. Wenn Sie anderen erklären, inwiefern wir das Wesentliche nicht begriffen haben, wenn wir Sachen sagen wie »Die Art und Weise, in der sie mich herabgesetzt hat, hat mich deprimiert«, anstatt »Ich habe mich über die Art und Weise, wie Sie mich herabsetzt, selbst depressiv gemacht«, dann bringen Sie ihnen etwas bei, während Sie sich gleichzeitig selbst helfen.

2. *Wann auch immer Sie sich dabei ertappen, daß Sie den äußeren Ereignissen das zuschreiben, was nur in Ihren Gefühlen ist, führen Sie Buch darüber, schreiben Sie es so schnell wie möglich in ein Notizbuch.*
Das wird zu einem wichtigen Faktor für Ihre Veränderung und in Ihrer Entwicklung werden.
Eine typische Seite in Ihrem Notizbuch könnte etwa folgendermaßen aussehen:

Dienstag	11.30 Uhr	Habe für meine Niedergeschlagenheit die Stimmung vom Chef verantwortlich gemacht.
	15.15 Uhr	Beschuldigte Thomas*, meine Gefühle verletzt zu haben.
	22.20 Uhr	Sagte Sabine, daß ihre Mutter mir auf den Wecker geht.
Mittwoch	9.10 Uhr	Ich sagte, der Alte treibt mich noch in den Suff.
	Mitternacht	Sagte Sabine, ich könnte nicht schlafen, weil sie mich so aufgeregt hat.
Donnerstag	15.00 Uhr	Erzählte Marion, daß Thomas mir den Morgen versaut hat.
Freitag	18.00 Uhr	Sagte, ich wäre deprimiert, weil die Party abgesagt wurde.
Sonntag	16.45 Uhr	Sagte, ich hätte schlechte Laune, weil mein Verein verloren hat.

3. *Setzen Sie sich einen Termin, wann Sie Ihr falsches Denken korrigieren wollen!*
Auf diese Weise könnten Sie am Mittwoch in der Mittagspause die drei ersten Eintragungen vom Dienstag durchdenken.

a) »Die Stimmung vom Chef kann mich nicht deprimieren. Wie krieg' ich das bloß fertig, trotzdem so niedergeschlagen

* Um auch für den deutschen Leser die notwendige Nähe zu den dargestellten Problemen herstellen zu können, wurden die amerikanischen Vornamen nicht aus dem Originaltext übernommen. So wurde zum Beispiel »Tom« zu »Thomas« und »Sally« zu »Sabine« (s. o.). Aus demselben Grund wurden an einigen Stellen die einem deutschen Leser nicht so naheliegenden Eigennamen und Tätigkeiten — speziell Spiele — verändert. »New York« wurde zu »Hamburg«, »golf« zu »Minigolf«, »bridge« zu »Skat« usw. (d. Übers.)

zu sein? Ja klar, wenn er so rumschreit und den wilden Mann markiert, bilde ich mir ein, er könnte mich rausschmeißen. Also ist es wahrscheinlich nicht seine Stimmung, die mich deprimiert, sondern ich mach' mich selbst kaputt, wenn ich dran denk', daß er mich auf die Straße setzen könnte. Vielleicht könnte ich ja aufhören, mir soviel Sorgen zu machen, eventuell rausgeschmissen zu werden!«

b) »Thomas kann meine Gefühle gar nicht verletzen. Ich lasse meine Gefühle doch nur von der Tatsache verletzen, daß er Rosi vor mir zum Essen eingeladen hat. Ich hab' zu mir selbst gesagt, das bedeutet, daß er mich nicht mag. Tatsächlich, ich glaube, daß er Rosis Begleitung meiner vorzieht. Das paßt ja auch genau: Beide haben Spaß an Booten und Wasserski und an andern Sachen, die ich nicht ausstehn kann. Warum lassen sich meine Gefühle davon verletzen?«

c) »Wieso rege ich mich über Sabines Mutter auf? Ich glaube, ich möchte, daß sie meiner Meinung ist, und ich rege mich auf über sie, wenn sie kritisch ist. Ja, es stimmt — aber warum will ich denn ihre Zustimmung? Sie ist eine altmodische Frau mit Ansichten, die nun eben mal nicht mit meinen übereinstimmen. Also, wenn ich sie so gesehen so nehme, wie sie ist, dann glaub' ich nicht, daß sie mir nochmal auf die Nerven geht.«

Beachten Sie, was wir hier tun: Wir empfehlen einen aktiven Prozeß, den aktiven Gebrauch angewandter Psychologie. Wir reden nicht theoretisch und abstrakt. Überall in diesem Buch werden Sie aufgefordert werden, ganz bestimmte Dinge zu *tun*. Es wird Ihnen gezeigt werden, wie Sie bestimmte Reaktionen und Verhaltensweisen ausfindig machen können, die Sie ändern wollen, wie Sie Ihre falschen Gedanken, Gefühle und Handlungen kontrollieren und wie Sie neue und verändernde Handlungen und Reaktionen in Ihr Verhaltensreper-

toire aufnehmen können. Viele Menschen vergeuden Unmengen an Zeit mit dem Bemühen, sich zu ändern, indem sie die tieferen Bereiche ihrer Seele erforschen, sich in ihre Kindheit vertiefen, ihre Träume analysieren, dicke Wälzer lesen und philosophische Reflexionen über die Bedeutung des Lebens anstellen.
Das Leben ist zu kurz, und solche Mühen sind zu lang!

Warum sich viele Menschen nicht ändern

Auf den vorausgegangenen Seiten sind Sie auf verschiedene Auffassungen und Vorschläge gestoßen, die Sie provokativ oder anregend gefunden haben mögen. Oft lesen wir etwas und nicken zustimmend bei grundlegenden Wahrheiten oder reagieren mit Interesse auf neue Einsichten. Unglücklicherweise ändern sich jedoch viele, die Selbsthilfebücher lesen oder sich sogar einer ausgedehnten Therapie unterziehen, trotz Zustimmung und Wissen keinesfalls.
Schnelle, lang anhaltende Fortschritte im Bereich der psychischen Funktionen erfordern letztlich Eingriffe auf zwei Gebieten: (1) müssen wir falsches Denken korrigieren *und* (2) müssen wir unsere nachteiligen Verhaltensweisen überwinden. Wir sind überzeugt davon, daß Sie diese Ziele erreichen können, wenn Sie die grundlegenden Prinzipien anwenden, die wir hier aufzeigen.
Warum wird — auch nach jahrelanger Therapie — so wenigen Menschen geholfen, warum schaffen sie es nicht, sich zu ändern? Wir glauben, das Versagen hat folgende Gründe:

1. Falsche Auffassungen über Natur und Absicht der Therapie. Viele Leute glauben, daß es eher Sinn und Zweck der Therapie sei, über ihre Probleme zu reden, als sich — aktiv —

auszudenken und zu planen, wie diese Probleme gelöst werden können. *Aber nicht das Reden ist wichtig, sondern das Handeln!*

2. Zwischen Klient und Therapeut soll sich so wenig wie möglich abspielen.

3. Das Fehlen einer Reihe von Voraussetzungen, die unserer Meinung nach unentbehrlich sind, wenn es zu einer Veränderung kommen soll.

Welches sind diese unentbehrlichen Voraussetzungen?

a) *Etwas als Problem erkennen.*
Es gibt eine Menge Leute, die unerfüllt zu sein scheinen und die zu leiden scheinen, die sich selbst aber nicht als jemanden ansehen, der Probleme hat.

b) *Die Möglichkeit akzeptieren, daß man etwas dabei machen kann.*
Es gibt eine Menge Leute, die sagen, sie haben Probleme, aber die meinen, daß sie nun mal so sind und daß man da nichts machen kann.

c) *Den Wunsch, sich zu ändern, zum Ausdruck bringen.*
Und wieder gibt es eine Menge Leute, die sagen, daß sie Probleme haben und die wissen, daß es möglich ist, sich zu ändern, die aber kein Interesse daran zu haben scheinen, sich zu ändern.

d) *Die Bereitwilligkeit, an sich zu arbeiten und sich Mühe zu geben, sich zu ändern.*
Dies ist der *entscheidende* Punkt bei der Unterscheidung der Menschen, die sich ändern, von denen, die sich nicht ändern. Wenn Leute bereit sind, daran zu arbeiten, ihr Denken und Handeln zu ändern, was einschließt, daß sie Notizbücher führen und die Techniken anwenden, die in diesem Buch dargestellt sind, dann wird die Wahrscheinlichkeit, daß sie sich ändern, bedeutend größer. Wir haben einen überra-

schenden Unterschied zwischen Leuten, die zur Therapie kommen, herausgefunden: Diejenigen, die sich Notizen machen, Diagramme* und Tabellen aufstellen und die empfohlenen Bücher lesen, ändern sich beständig in einer positiven Richtung. Tatsache ist, daß psychische Entwicklung und emotionale Umerziehung aktive Teilnahme vonseiten des Lernenden verlangen.

Wenn Sie dieses Buch nur *lesen*, werden sie wenig davon haben. Sogar wenn Sie es immer und immer wieder lesen, kann nicht viel an Veränderung dabei herauskommen. Würden Sie ein Buch über Muskelbildung lesen und erwarten, einen guten Körperbau zu entwickeln, ohne auch tatsächlich die Übungen zu machen? Natürlich nicht! Die »psychischen Übungen«, die auf den folgenden Seiten dargestellt sind, verlangen ganz bestimmte Aktivitäten. Diese werden sich aus besonnenem, planmäßigem Durchdenken falscher Ansichten und Überzeugungen und der anschließenden systematischen Entwicklung anderer Verhaltensweisen zusammensetzen. Vergessen Sie nicht: Wohlmeinende Menschen haben uns irregeführt, eine Menge von Falschheiten darüber zu glauben, wie man ein befriedigendes und sinnvolles Leben führt. Jetzt ist die Zeit reif, sich zu ändern! Und das bedeutet: handeln! *Sie können, wenn Sie wollen!*

Wir können gar nicht genügend betonen, wie wichtig es ist, genaue Aufzeichnungen über das jeweilig gegenwärtige Verhalten zu machen, welches es zu überprüfen gilt. Vielleicht meinen Sie, es sei doch zu mechanisch und simpel, sich bestimmte Verhaltensweisen kurz zu notieren und verschiedene

---

* Ein Diagramm entsteht z. B., wenn jemand täglich oder mehrmals täglich auf einer Skala (etwa mit den Abstufungen: sehr gut — gut — mittel — schlecht — sehr schlecht) einträgt, wie er sich fühlt. An einem Diagramm kann man also Schwankungen und dauerhafte Veränderungen mit einem Blick erkennen; Anmerk. d. Verl.

Gedanken und Reaktionen im Auge zu behalten. Tun Sie das nicht! Diejenigen, die die beeindruckendsten psychischen Fortschritte machen, stellen sich gewöhnlich als diejenigen heraus, die sich die Mühe machen, ihr Verhalten tabellarisch zu erfassen und ihre täglichen Mittelwerte zu errechnen.

Deshalb schlagen wir vor — eigentlich würden wir am liebsten darauf bestehen — schaffen Sie sich, bevor Sie weiterlesen, ein Notizbuch im Taschenformat an, in dem Sie die verschiedenen Reaktionen und Handlungen notieren und aufrechnen, auf die Ihre Aufmerksamkeit gerichtet sein wird.

Fast möchten wir so weit gehen, zu sagen: **Kein Notizbuch — keine Änderung!**

Alltägliche Fehler, die Ihr Leben ruinieren können - und wie sie beseitigt werden können

Was sind die Gründe emotionaler, gefühlsmäßiger, innerer Störungen? Viele verschiedene Theorien darüber sind entwikkelt worden. Sie reichen von »besessen sein von bösen Geistern« bis »verdrängte Komplexe und unbewußte Konflikte«. Unserer Ansicht nach sind die meisten der »gestörten« Menschen nicht krank, sondern lediglich — *im Irrtum.*

Emotionales Gestörtsein ist im Wesentlichen ein Ergebnis *irrtümlicher Überzeugungen.* Wir sind keine hilflosen Opfer! Es gibt keine Dämonen! Was wir tun müssen, ist, diese falschen Überzeugungen — die alltäglichen Fehler, die unser Leben ruinieren können — zu erkennen und zu korrigieren.

Wir haben einen Katalog von 20 alltäglichen Fehlern zusammengetragen, von denen jeder nach folgendem Muster dargestellt wird:

1. Der Fehler wird identifiziert.
2. Ein kurzgefaßtes anschauliches Beispiel wird gegeben.
3. Falsche Überzeugungen, die dem Fehler zugrunde liegen, werden aufgeführt.
4. Ein Programm zur Änderung wird umrissen.

Diese alltäglichen Fehler treffen so oder auf andere Weise im Grunde genommen auf jeden zu — Sie eingeschlossen. Studieren Sie sie sorgfältig und machen Sie sich reichlich Gedanken darüber! Na dann, auf zu den Einzelheiten!

Fehler Nr. 1:
Mach' keine Fehler!

Ein junger Geschäftsführer hatte des öfteren kreative Ideen, die er jedoch auf den Geschäftsführungskonferenzen wiederholt nicht äußerte, weil er fürchtete, er könnte sich irren, seine Ideen würden nicht befürwortet werden und er würde es deshalb letzten Endes beruflich nicht weiterbringen.
Als dann seine Leistung bewertet werden sollte, beurteilten ihn seine Arbeitgeber als phantasielos und beförderten ihn deshalb nicht.

Er glaubte (weil man ihn das sein ganzes Leben lang glauben gemacht hatte):

1. Die Leute halten weniger von dir, wenn du etwas falsch machst.
2. Fehler machen, ist ein Zeichen von Schwäche.
3. Wenn du Fehler machst, erscheinst du als dumm und machst dich lächerlich.
4. Wenn du einen Fehler machst, versuche, ihn zu vertuschen!

Glauben SIE irgend etwas davon?

Wie Sie sich ändern

A. Überdenken

1. Denken Sie einmal darüber nach, daß es wundervoll sein kann, Fehler zu machen, und nicht etwas, das man halt ertragen muß, auch nicht etwas bloß Annehmbares und sogar nicht

nur etwas Notwendiges, sondern daß es tatsächlich wünschenswert ist.

2. Eine der wesentlichsten Arten und Weisen, durch die wir lernen, ist durch Fehler. Sie schaffen Anhaltspunkte für die Weiterentwicklung.

3. Immer Recht zu haben, ist das ausgesprochene Gegenteil von Entwicklung und führt dazu, daß man ständig auf der Hut sein und Fehler vertuschen muß. Es führt zu ständigem Gespanntsein und in eine Verteidigungshaltung.

4. Die meisten Menschen, die bemerken, daß du Fehler machst, werden in Wirklichkeit erleichtert sein zu sehen, daß du ein Mensch bist wie sie auch, und infolgedessen wird eine nähere Beziehung zu ihnen möglich. Wenn jemand dich tadelt oder schlecht macht, dann wirft dich das nicht gleich um, wenn du dir darüber im klaren bist, daß so eine Kritik möglicherweise auf der Unsicherheit des anderen beruht.

B. Korrigierende Handlungen

1. Lenken Sie Ihre Aufmerksamkeit auf einige Fehler, die Sie machen, anstatt sie zu vertuschen! (Wir bestreiten nicht, daß es keine allgemeingültigen Regeln gibt und daß es in bestimmten Situationen notwendig ist, Fehler zu vertuschen, aber solche Situationen sind selten.)

2. Erzählen Sie Ihren Freunden von einigen Ihrer größten Fehler! (Es macht die Sache leichter und sogar unterhaltsam, wenn Sie sich das zur Gewohnheit machen.)

3. Sie könnten sogar absichtlich ein paar kleinere Fehler machen!

4. Machen Sie jedesmal einen Vermerk in Ihr Notizbuch, wenn Sie sich dabei erwischen, wie Sie einen Fehler vertuschen oder wenn Sie aus Angst davor, einen Fehler zu machen, nicht tun, was Sie eigentlich tun wollten! Tragen Sie jeden Vorfall

mit ein paar Worten ein! Rechnen Sie am Ende jeder Woche aus, wieviel Fehler Sie eingetragen haben! (Wir bitten Sie deshalb, derart zählbar über die Ergebnisse Buch zu führen, weil Sie Ihr Verhalten automatisch besser kontrollieren können, wenn Sie es bewußt bemerken.)
Eine Seite in Ihrem Notizbuch könnte wie folgt aussehen:

	vertuschte Fehler	*tue nicht, was ich wollte*
Mo.	Vergaß, Karin anzurufen — sagte ihr, ich hätte es mehrmals versucht, konnte aber nicht durchkommen.	Bat den Lehrer nicht, zu erklären, worum es ging.
Di.		
Mi.	Schob es auf die Sonne, daß ich den Tennisball von Jörg nicht gekriegt hab'.	
Do.	Gab nicht zu, daß ich verschlafen habe, gab dem Verkehr die Schuld.	
Fr.	Setzte mich mit dem Bankangestellten auseinander, als ich vergessen hatte einzuzahlen und das Konto überzog.	Weigerte mich, Skat mitzuspielen, weil ich nicht so gut spiele wie die andern.
Sa.		
So.		War ziemlich sicher, daß Werners Behauptung über den Defekt am Wagen falsch war, sagte aber nichts dagegen.
Insgesamt:	4	3

Fehler Nr. 2: Versuche, überall gut zu sein, oder tu so, als wüßtest Du alles!

Ein begabter Schriftsteller hatte für seine Erzählungen und für zwei Theaterstücke Preise bekommen. Er hatte außerdem mehrere gewerbliche Geräte erfunden, die ihm durch die Patente ein großes jährliches Einkommen einbrachten. Trotzdem war er extrem frustriert darüber, daß seine (normale) körperliche Konstitution nicht zuließ, daß er sich im Sport und ähnlichen körperlichen Fertigkeiten auszeichnete.

Er glaubte:

1. Ein wertvoller Mensch ist ein Alleskönner. Er/sie hat eine große, breitgefächerte Allgemeinbildung, gekoppelt mit besonderen Fähigkeiten auf vielen Gebieten.
2. Von anderen besiegt zu werden und auf bestimmten Gebieten oder in bestimmten Situationen nicht gut zu sein, ist ein Zeichen von Dummheit und Unfähigkeit.
3. Wenn man es nur fest und unnachgiebig versucht, kann man sich mit allem und jedem hervortun.
4. Zuzugeben, daß du etwas nicht weißt, oder zu zeigen, daß du etwas nicht kannst, bedeutet, deine grundlegende Minderwertigkeit aufzudecken.

Glauben SIE irgend etwas davon?

Wie Sie sich ändern

A. Überdenken

1. Bedenken Sie die Tatsache, daß jeder seine Grenzen hat! Wenn Sie ein guter Musiker sind, ein guter Schneider oder ein fähiger Mechaniker, warum regt es Sie dann auf, daß Sie kein Talent zum Malen oder Skatspielen haben, kein Kreuzworträtsel rauskriegen, keine mathematischen Probleme lösen, nicht Minigolf spielen können oder zu was auch immer nicht in der Lage sind?!

2. Die meisten Menschen sind doch nicht einmal auf einem Gebiet überdurchschnittlich. Bestenfalls können sie ein paar Sachen ganz gut. Nur einige Leute sind glücklich dran (nicht besser!), weil sie einige Dinge extrem gut können. In einer komplexen und hochspezialisierten Gesellschaft wie der unsrigen, ist es unmöglich, in den meisten Bereichen mehr als nur vage praktisch verwertbare Grundkenntnisse zu haben.

3. Die Vorstellung, daß man alles meistern kann, wenn man sich nur genügend darauf konzentriert, ist absurd. Und außerdem wirkt es sich nachteilig aus, weil viele Leute ihre Zeit und Energie vergeuden, indem sie versuchen, sich selbst und anderen Unmögliches zu beweisen. Die Wahrheit ist, daß uns Grenzen gesetzt sind: von der Vererbung, von Temperament und Charakter und von konstitutionellen Faktoren. Dazu kommen formende Umweltereignisse. All das schließt den Erwerb von wirklichem Sachverstand in weiten Bereichen menschlicher Unternehmungen aus. Kann jeder lernen, große Literatur zu schreiben? Kann jeder ein hervorragender Athlet werden? Sind Eigenschaften wie das »absolute« Gehör, große manuelle Geschicklichkeit, besondere Sehschärfe und so weiter für jeden im Bereich des Möglichen? Beachten Sie: *Ich kann, wenn ich will* bezieht sich nicht auf's Wachsen von Flügeln, zweieinhalb Meter groß zu werden oder in Hamburg und

München gleichzeitig zu sein. Es bezieht sich darauf, Einstellungen und Verhaltensweisen zu ändern, die uns unglücklich machen.
4. »Ich weiß nicht« zu sagen, bringt Ihnen eher Respekt vor Ihrer Ehrlichkeit ein, als daß man wegen Ihrer Unsicherheit auf Sie herabsieht.

B. Korrigierende Handlungen

1. Beachten Sie besonders die Umstände und Situationen, in denen Sie zögern zu sagen »Ich weiß nicht« und wo Sie tatsächlich vorgeben, bestens über eine Sache informiert zu sein, von der Sie herzlich wenig wissen. Ein wohlbekanntes Beispiel ist, wenn jemand ein Buch erwähnt, das Sie nicht gelesen haben, und Sie nicken wissend, als hätten Sie es gelesen.
2. Wenn Sie sich irgendwann und irgendwo wie ein Alleswisser benehmen, versuchen Sie, Ihre Schwäche oder Ihr Versagen offen zuzugeben und prüfen Sie dann, ob das Resultat grundsätzlich günstig für Sie aussieht. (Wir prophezeien Ihnen, daß die anderen Leute dazu neigen werden, Sie zu mögen und Ihnen ein gutes Stück mehr zu trauen.)
3. Wenn Sie an gemeinschaftlichen Freizeitbeschäftigungen wie Tennis oder Minigolf teilnehmen, tun Sie dann so, als würde bei jedem Schlag eine Million Mark auf dem Spiel stehen? Wenn das so ist, dann sagen Sie doch zu sich selbst »Es ist ja nur ein Spiel«, und freuen Sie sich am Sieg über sich selbst, wenn Sie versuchen, *Ihr* Bestes zu tun (anstatt *das* beste), so daß es Ihnen echt Spaß macht — zu gewinnen oder zu verlieren.
4. Kreuzen Sie all die Fälle, wo Sie sich darüber aufregen, daß Sie ein Spiel verlieren, ebenso in Ihrem Notizbuch an, wie die Fälle, wo Sie Sachverstand und Wissen vortäuschen!

Anfänglich könnte eine typische Woche etwa so aussehen:

	Hab' mich aufgeregt	*Gab vor, etwas zu wissen*
Mo.	X X X	
Di.	X X X X	X X
Mi.	X X	
Do.	X	
Fr.	X X X	X
Sa.	X	X X
So.	X X X	

Ein Fall zur Veranschaulichung

Ein Student litt unter Gespanntheit und Angst. Er ging zur Gruppentherapie, um Hilfe für seine Probleme zu bekommen. An einer Seite des großen Therapieraums stand ein Billardtisch, und einige Gruppenmitglieder spielten vor und nach den Sitzungen Billard. Immer wenn der Student die Kugel verfehlte, war er äußerst erregt, besonders, wenn es ein leichter Stoß gewesen war. Ganz im Gegensatz dazu lachte ein anderes Gruppenmitglied immer gutmütig über sich selbst, wenn es einen Stoß verbockte. Im Einklang mit ihren unterschiedlichen Auffassungen fragte der Student, immer wenn jemand in der Gruppe erwähnte, daß er Tennis, Minigolf oder etwas anderes gespielt hatte »Wer hat gewonnen?«, während das andere Gruppenmitglied sich immer erkundigte: »Hat es dir Spaß gemacht?«
Diese unterschiedlichen Auffassungen wurden in der Gruppe diskutiert und der junge Mann wurde aufgefordert, sich die

Verhaltensweisen Nr. 3 und 4 von Fehler Nr. 2 zur Gewohnheit zu machen.

Ein paar Monate später spielte er mit dem Therapeuten Billard. Da wurde so viel geulkt und gelacht, daß sie vergaßen, die Punkte aufzuschreiben. Als das Spiel vorbei war, fragte jemand: »Wer hat gewonnen?« Der Student antwortete: »Wir haben nicht die geringste Ahnung, aber wir haben verdammt viel Spaß gehabt!« Diese entscheidende Änderung in seiner Anschauung wurde in vielen Bereichen seines Lebens deutlich, und die Spannung und die Angst verschwanden bald.

Fehler Nr. 3:
Je weniger Du offen von Dir zeigst, desto besser geht es Dir

Eine junge Frau wollte sich einer Therapie unterziehen, weil sie depressiv war und sich allein fühlte und außerdem unter Gefühlen von Unwirklichkeit litt.
Ihre Familie hatte ihr beigebracht, alle ihre Ansichten für sich zu behalten und sich anderen gegenüber so wenig wie möglich zu öffnen.

Sie glaubte:

1. Wenn andere Leute wissen, wie du wirklich bist, halten sie automatisch weniger von dir; falls sie dir nicht sogar zeigen, daß sie dich nicht leiden können.
2. Vertraulichkeit führt dazu, abgelehnt zu werden. Versuche deshalb, rätselhaft und geheimnisvoll zu bleiben!
3. Wenn die Leute persönliche und intime Sachen von dir wissen, dann gebrauchen sie diese Informationen gegen dich.
4. Der strenge, ruhige Menschentyp ist ein Modell psychischer Gesundheit.

Glauben SIE irgend etwas davon?

Wie Sie sich ändern

A. Überdenken

1. Denken Sie sehr gründlich über die Tatsache nach, daß enge und bedeutsame Freundschaften ohne gegenseitiges Vertrauen und persönliche »Offenbarungen« unmöglich sind.
2. Während es vernünftig sein kann, seine Ansichten für sich zu behalten, wenn man in Situationen ist, die mit dem *Beruf* zu tun haben (zum Beispiel könnte es nicht gerade klug sein, seinem Arbeitgeber zu erzählen, was man wirklich über ihn denkt, oder seine innersten Ängste mit Arbeitskollegen zu diskutieren), so ist es doch höchst schädigend, diese vorsichtige Haltung auf die Ehe, auf Freundschaft und andere persönliche Beziehungen zu übertragen.
3. Vertraulichkeit führt nur zwischen Ablehnungswürdigen zur Ablehnung! Es zu vermeiden, mit anderen, die einem wichtig sind, Gefühle und Intimitäten zu teilen, ist die »beste« Garantie für ein vereinsamtes Leben.
4. Die paar Leute (und es sind immer nur ein paar), die möglicherweise versuchen, persönliche Informationen gegen Sie zu verwenden, könnten doch nie Freunde (im echten Sinne) sein und verschwinden am besten aus Ihrem Bekanntenkreis. Versuchen Sie, es auf gar keinen Fall zuzulassen, daß diese wenigen, die Ihr Verhalten mißbrauchen, Sie daran hindern, Sie selbst zu sein und sich zu öffnen! Vergessen Sie nicht, daß eine der besten Methoden, Selbsterkenntnis zu erlangen, darin besteht, sich anderen zu offenbaren.
5. Wenn du dich immer hinter einer Maske versteckst und das zu sein vorgibst, von dem du glaubst, die anderen möchten, daß du es wärst, dann wirst du nie erfahren, was es heißt, für das geliebt zu werden, was du wirklich bist.

B. Korrigierende Handlungen

1. Machen Sie von alldem, was Sie jemals getan, gefühlt oder gedacht und *nie jemandem* mitgeteilt haben, eine Aufstellung. Versuchen Sie dann, diese Eintragungen — wenn möglich bis auf Null — zu reduzieren, indem Sie sich ausgesuchten Anderen, denen Sie vertrauen, anvertrauen! (Das kann zu einem großen Projekt werden, aber Sie werden entdecken, daß es äußerst lohnend ist.)
2. Nehmen Sie das Risiko auf sich, offener zu sein und mehr von sich selbst zu enthüllen! Sehen Sie dann, ob Sie finden (wie viele von unseren Kollegen und Klienten und wir selbst gefunden haben), daß Ihr Umgang mit anderen Menschen enger, sorgloser und viel tiefer wird!
3. Vermerken Sie es in Ihrem Notizbuch, wenn Sie absichtlich Dinge für sich behalten! Achten Sie darauf, wie oft Sie Ihre echten Gefühle verbergen, Ihre ehrlichen Überzeugungen nicht aussprechen und die zugrundeliegenden Gefühle verheimlichen! In den meisten Fällen wird es Ihnen um so besser gehen, je weniger Sie verbergen.

Wir verlangen nicht von Ihnen, nicht mehr taktvoll oder diskret zu sein, wenn es die Situation verlangt. *Machen Sie nicht den Fehler einer Überkompensation!* Während sie diese Fehler korrigieren, verfallen manche Leute leicht ins Gegenteil und machen etwas, was als »Umkehrfehler« bezeichnet werden könnte. So wird dann »Mach keine Fehler!« zu »Streng dich besonders an, um die größten Fehler deines Lebens zu machen!« Fehler Nr. 2 »Versuche, überall gut zu sein!« wird verzerrt zu »Versuche, nirgendwo gut zu sein!« und Fehler Nr. 3 (sich selbst zu öffnen) wird als ernstgemeinter Ratschlag mißdeutet zu »sein Innerstes nach außen kehren« — Hinz und Kunz gegenüber. Wenn Sie jedoch die ausgewogenen Standpunkte aufnehmen und anwenden, die wir Ihnen vermitteln möchten, dann dürfen Sie getrost Erfolg erwarten.

Gedächtnisstütze

Wenn Sie die vorausgegangenen Seiten gelesen haben, ohne die empfohlenen Verhaltensweisen auszuführen, ohne aktiv Ihre Selbstgespräche zu ändern und ohne über jede der falschen Annahmen ausführlich nachzudenken, die sich gegen Sie richten mögen, dann wird dieses Buch bald den Weg der meisten Selbsthilfebücher gehen: Es wird auf einem Nachttisch in Vergessenheit geraten oder in irgendeinem Bücherregal als Staubfänger dienen.

Fehler Nr. 4:
Du bist ein Opfer Deiner Verhältnisse. Dein Leben wird letztlich von äußeren Mächten beherrscht

Ein dreißigjähriger Mann hatte es mit einer Reihe verschiedener Jobs versucht, bevor er es einfach satt hatte, aufgab und völlig vom Unterhalt durch andere abhängig wurde. Als er in die Therapie kam, schob er alles aufs Pech und auf böswillige Arbeitgeber, und er war neidisch auf jeden, der da erfolgreich war, wo er versagt hatte.

Er glaubte:

1. Was dir im Leben zustößt, das haben hauptsächlich andere in den Händen.
2. Man kann nur sehr wenig tun, um sein Schicksal zu ändern.
3. Du bist nun mal so, wie du bist, dann solltest du es auch akzeptieren!
4. Deine Herkunft und deine Erziehung haben dich zu dem gemacht, was du bist, dagegen kannst du nichts machen.
5. Du mußt Schlimmes erleiden, für das du in keiner Weise verantwortlich bist.

Glauben SIE irgend etwas davon?

Wie Sie sich ändern

A. Überdenken

1. Unser Leben entwickelt sich maßgeblich entsprechend unseren Plänen, anstatt, daß es uns irgendwie »widerfährt«.
2. Die Menschen haben die Fähigkeit, sich in der Richtung zu ändern, die sie sich wünschen.
3. In den meisten Bereichen zwischenmenschlichen Verkehrs gibt es nur wenige Dinge, die unmöglich sind. Meist gibt es doch gar nicht so etwas wie »Ich kann nicht«, so etwas wie »Ich kann mich gegen meinen Vater nicht behaupten«. »Ich kann nicht Fahrstuhl fahren.« »Ich kann nicht abnehmen.« »Ich kann nicht mit dem Rauchen aufhören.« Wenn Sie daran zweifeln, dann fragen Sie sich doch einmal folgendes:

a) Wenn man dir 100 000,— DM in bar bieten würde, mit der Bedingung, das zu tun, was du nicht tun zu können behauptest — würdest du es tun?

b) Wenn dir jemand einen Revolver an die Schläfe drückt und dich zu erschießen droht, wenn du nicht das tust, von dem du sagst, du könntest es nicht — würdest du es tun?

c) Wenn dein Kind oder der Mensch, der dir auf dieser Welt am nächsten ist, entführt würde, und du wüßtest, daß du diesen Menschen nicht lebend wiedersiehst, wenn du nicht tust, was du angeblich nicht tun kannst — tätest du es dann?

Wenn die Antwort zu irgendeiner dieser Fragen »ja« ist, dann fragen Sie sich doch einmal: »Wie kommt es, daß ich das nicht für mein eigenes Glück tue?«
4. Auch gibt es nur sehr wenige Dinge, die man tun »muß«. Die Leute sagen oft »Ich muß etwas tun«, wenn sie eigentlich meinen »Ich entscheide mich, es zu tun.«

B. Korrigierende Handlungen

1. Schreiben Sie sich eines der Dinge auf, die Sie tun möchten, oder die Sie an sich selbst ändern wollen!
2. Planen Sie es, dasjenige zu tun oder zu verändern! Prüfen Sie Schritt für Schritt genau, was Sie tun können, um die angestrebte Veränderung zustande zu bringen!
3. Machen Sie jedesmal, wenn Sie »Ich kann nicht« sagen, einen Vermerk in Ihr Notizbuch!
4. Notieren Sie jedesmal, wo Sie das Schicksal oder jemand anders für Ihr Versagen verantwortlich machen, in Ihrem Notizbuch!

Ein Fall dazu

Ein übergewichtiger Mann in den mittleren Jahren (1,73 groß, 107 Kilo) kam mit dem Wunsch abzunehmen zur Therapie.

Schritt 1: Die Motivation stand fest. Millionen von Menschen sagen, sie wollen etwas tun, aber jede ihrer Handlungen widerspricht dieser Behauptung. Der Mann, der zu uns in die Therapie kam, war dick, weil er, wie die meisten Leute mit Übergewicht, entschieden hatte, daß (a) das momentane Vergnügen am Essen wichtiger sei, als das lang anhaltende Vergnügen, schlank zu sein und (b) daß das Abnehmen und Erlernen neuer Eßgewohnheiten mehr Aufwand erfordern würde, als er investieren wollte.
Sogar wenn jemandes Stoffwechsel sich von dem der meisten anderen unterscheidet, *kann* er immer noch abnehmen. Es ist halt für einige Menschen viel schwieriger als für andere. Vergessen Sie nicht, daß die Äußerungen »ich möchte; ich will versuchen; ich denke, ich will; es wäre schön, zu; ich sollte«

Ausdruck widerstreitender Gefühle und Instrumente der SELBSTTÄUSCHUNG sind! Die einzige Äußerung, die in diesem Zusammenhang etwas bedeutet, ist: »*Ich mache eine Diätkur.* Ab sofort (oder: morgen früh, 8.00 Uhr; usw.) und ich werde den Aufwand aufbringen und die Anstrengungen auf mich nehmen, die notwendig sind, um das Ziel zu erreichen.«

Schritt 2: Als es einigermaßen sicher war, daß unser Klient sich ernsthaft entschieden hatte abzunehmen und daß er sich nicht selbst belog, erwies sich die folgende Technik als brauchbar:

a) Entscheiden Sie, wieviel Sie pro Woche abnehmen wollen! Im allgemeinen ist es besser, sich ein vernünftiges und nicht ein drastisches Ziel zu setzen: so um 1 Kilo.

b) Setzen Sie eine Zeit fest, zu der Sie sich täglich wiegen (die beste Zeit ist wohl morgens, gleich nach dem Aufstehen) und tragen Sie Ihr Gewicht täglich in Ihr Notizbuch ein!

c) Hinterlegen Sie bei einem Freund/einer Freundin oder beim Therapeuten/bei der Therapeutin Geld — viel mehr, als Sie sich leisten können, in bar zu verlieren! Der Freund/die Freundin prüft Ihr Gewicht jede Woche. Wenn Sie am Ende einer Woche die festgesetzte Menge an Gewicht nicht verloren haben, wird das Geld zusammen mit einem schon vorher geschriebenen Brief voller Anerkennung und Lob an eine Organisation überwiesen, die Sie zutiefst verabscheuen. (So könnte zum Beispiel jemanden, der extrem konservativ und nationalistisch eingestellt ist, bei dem Gedanken, einer radikalen linken Studentengruppe ein Anerkennungsschreiben und Geld zukommen zu lassen, das kalte Grausen packen. Und jemand, der sich immer für die Einhaltung der Menschenrechte eingesetzt hat, wäre entsetzt bei dem Gedanken, solch einen Brief samt Geldspende einer militanten Rassistenorganisation zu schicken.)

Wenn die Summe ausreichend groß und die Organisation verabscheuenswürdig genug ist, dann ist die Chance, daß Sie abnehmen (oder viele andere Ziele erreichen werden, die Sie sich selbst setzen können) sehr groß.
Sind Sie die Pfunde einmal los, kann ein ähnliches System verhindern, daß Sie wieder zunehmen.
In dem hier geschilderten Fall verlor unser Klient 25 Kilo innerhalb von vier Monaten.
Beachten Sie, daß hier keine besonderen Diäten — die natürlich sehr nützlich sein können — erwähnt wurden! Der Grund dafür ist, daß viele Leute, die nach Diäten Ausschau halten, bereits vom Kernpunkt der Motivation abgewichen sind. Die meisten Menschen wissen, wie sie abnehmen können — sie tun es nur nicht.

Fehler Nr. 5: Andere Menschen sind glücklich

Ein sechsundzwanzigjähriger Mann, der sehr wenig Kontakt mit anderen Menschen hatte, war ziemlich depressiv. An einem Frühlingstag, als er aus dem Fenster des Therapeutenbüros sah, bemerkte er: »Sehen Sie sich all die glücklichen Paare an, die da Arm in Arm spazieren gehen! Und was hab' ich? Keine Liebe, kein Glück, nichts. Warum bin ich so allein, warum geht es mir so schlecht? Warum gerade mir?

Er glaubte:

1. Man kann die innersten Gefühle der Menschen aus ihrem äußeren Verhalten erschließen.
2. Menschen, die sagen, daß sie glücklich sind, sind auch wirklich glücklich.
3. Die meisten anderen Menschen sind »normal«. »Sie mögen ja Probleme haben, aber nicht wie ich.«
4. Menschen, die äußere Merkmale von Erfolg aufweisen (Reichtum, Berühmtsein, gutes Aussehen) sind glücklich oder glücklicher als andere Menschen ohne diese Merkmale.
5. »Ich wünsche, ich wär' jemand anders!«

Glauben SIE irgend etwas davon?

Wie Sie sich ändern

A. Überdenken

1. In den meisten Fällen stimmt es nicht, daß andere Menschen glücklich sind. *Du nimmst einfach nur an, daß sie es sind.*
2. Jeder hat Probleme, auch ernste Probleme, Grenzen und Unsicherheiten (sehr viele ernst genug, das Handeln entscheidend zu beeinflussen), und wirklich jeder auf dieser Welt war irgendwann einmal depressiv und hatte sogar Selbstmordgedanken.
3. Fast jeder geht durch eine private Hölle, aber wegen der Barrieren, sich anderen gegenüber zu öffnen, und wegen der Scham, Unzulänglichkeiten zuzugeben, hört man so selten davon.
4. Etliche Millionen Menschen leben unter Bedingungen unglaublicher Not — Armut, Hunger, Krankheit und Gebrechen aller Art.
5. Wo sind denn all die glücklichen Menschen? Viele kommen zum Therapeuten und sagen: »Ich bin neidisch, ich habe alles, was jeder gern haben würde, aber ich bin unglücklich.«

Das folgende berühmte amerikanische Gedicht veranschaulicht, was hier gemeint ist:

Wann immer Richard Cory in die Stadt kam, zu uns her,
Wie dann wir Leute von der Straße auf ihn schauten!
Ein Herr vom Scheitel bis zur Sohle — das war er:
Schön, wohlgestaltet, hochgewachsen, majestätisch!

Und schlicht gekleidet war er stets
Und menschlich immer, wenn er sprach:
»Good day, good morning, sagt, wie geht's«
Und wenn er ging: er strahlte.

Und er war reich — ja, reicher als ein König
Und wohlgebildet auch im Anstand jeder Art.
Am Ende dachten wir, wie sind wir wenig
Gegen ihn: er gibt den Wunsch uns ein:
Nicht mehr nur wir, an seiner Stelle woll'n wir sein!

Und weiter waren wir nur wie wir waren.
Und weiter warteten wir auf das Licht.
Und weiter lebten wir von nichts als Brot,
Das wir verfluchten, still in unserer Not;
Und dann, in einer stillen Sommernacht
Ging Richard Cory still zu sich ins Schloß,
Wo er sich still, allein mit sich, erschoß.

Edwin Arlington Robinson

B. Korrigierende Handlungen

1. Achten Sie auf der Straße, in öffentlichen Verkehrsmitteln oder auf der Arbeit bzw. in der Schule auf den Gesichtsausdruck der Leute! Waren Ihre bisherigen Beobachtungen darüber, wie glücklich andere Menschen *aussehen*, richtig?
2. Fragen Sie Menschen, die Sie sehr gut kennen (Freunde, Verwandte), ob sie glücklich sind. Wenn sie ja sagen, fragen Sie sie, aus welchem Grund. Wenn nicht, fragen Sie, was Ihnen zum Glück fehlt. Wie würden Sie sie jetzt auf einer Skala von minus fünf bis plus fünf beurteilen? (— 5 würde extremes Unglücklichsein bedeuten, 0 wäre weder glücklich noch unglücklich und + 5 hieße höchstes Glück.)
3. Um ein ausgeglichenes Bild zu bekommen, suchen Sie bei denen, von denen Sie glauben, daß sie glücklich sind, nach Fehlern, Problemen, Beschränkungen, schweren Sorgen und nach Leid! *Schreiben Sie Ihre Entdeckungen in das Notizbuch!*

Lesen Sie jetzt dies:

Wenn Sie die verschiedenen Gesichtspunkte lesen, die wir unter »ÜBERDENKEN« dargestellt haben, dann — so nehmen wir an — tun Sie das nicht nur flüchtig, sondern befassen sich eingehend mit den Vorschlägen, denken darüber nach und lesen einige mehrmals. Denken Sie daran: Nicht flüchtig lesen! Der Vorgang des ÜBERDENKENS erfordert aktive Gedanken und Überlegungen. Wir schlagen vor, daß Sie jetzt sofort noch einmal zurückblättern und alle Punkte bei den vorausgegangenen Fehlern noch einmal lesen und sich über jeden Gedanken machen.

Änderung verlangt *aktives* Lesen des Arbeitsmaterials, nicht einen passiven Prozeß untätigen oder oberflächlichen Kontakts!

Die Abschnitte über **korrigierende Handlungen** erfordern unabdingbar ganz bestimmte Verhaltensweisen, Dinge, die zu *tun* sind, um zu verändern. Nochmal: Wenn Sie nichts weiter machen, als über die neuen Verhaltensweisen zu lesen, wenn Sie sie nicht ausführen und üben, werden Sie höchstwahrscheinlich keine bedeutenden Erfolge erzielen.

Dies soll Sie noch einmal daran erinnern, daß es Ihr Leben und Ihr Glück sind, die auf dem Spiele stehen. Sie können sich ändern — auch in kurzer Zeit. Oberflächliches Lesen ist Selbstbetrug! Dies ist ein *Arbeitsbuch*. Arbeiten Sie es durch! Wir stellen das Werkzeug. Der Rest ist an Ihnen!

Fehler Nr. 6:
Laß Deinen Ärger raus!

Eine achtundzwanzigjährige, geschiedene Frau hatte etliche Monate lang Therapiegruppen (encounter-groups) besucht, in der Hoffnung, weniger gehemmt zu werden und zu einem erfüllteren Leben im Umgang mit anderen Menschen zu kommen. In den Gruppen hatte sie gelernt, daß es schädlich sei, Ärger für sich zu behalten und es war ihr beigebracht worden, »Dampf abzulassen«. Trotzdem — sie war nicht glücklicher und — stattdessen — begannen die paar Leute, mit denen sie vorher einigermaßen eng befreundet gewesen war, sie verletzend zu finden.

Sie glaubte:

1. Es ist völlig normal und gesund, sich zu ärgern.
2. Wenn du dich ärgerst, ist es das beste für dich, den Ärger auch frei von der Leber weg rauszulassen.
3. Wenn dich jemand frustriert oder geärgert hat, dann ist es ratsam, deinem Ärger Luft zu machen und ihn oder sie anzuschnauzen.
4. Du kriegst die Oberhand, wenn du andere anschreist.

Glauben SIE irgend etwas davon?

Wie Sie sich ändern

A. Überdenken

1. Es besteht ein Unterschied zwischen dem Erleben von Ärgergefühlen und dem Veräußern von Wut gegenüber anderen Menschen.
2. Man kann seinen Verdruß konstruktiver durch eine direkte, sachbezogene Stellungnahme ausdrücken, als durch einen Gefühlsausbruch. Direkte, sachbezogene Stellungnahme: »Ich wäre Dir dankbar, wenn Du Deine Wäsche in den Wäschepuff stecken würdest, anstatt sie im Schlafzimmer auf den Boden zu werfen.« Wutausbruch: »Warum, verdammt nochmal, läßt Du Deine verfluchte Unterwäsche im ganzen Schlafzimmer rumliegen?! Du bist ein widerlicher Schlamper!«
3. Wütend werden und selbstsicher sein, ist zweierlei.
4. Wütend *werden* zieht gewöhnlich einen Verlust der Kontrolle über sich selbst nach sich. (Und das ist etwas anderes als das absichtliche Aufgeben der Kontrolle.)
5. Wütend werden ist weiter nichts als eine Gefühlsentladung und trägt nicht zur Entwicklung bei. Man mag sich manchmal für den Augenblick besser fühlen, obwohl man wahrscheinlich genauso aufgebracht bleibt. Und schließlich ist es eine Tatsache, daß viele Menschen Angst dabei bekommen, weil sie die Kontrolle über sich verloren haben.
6. Menschen, die oft wütend werden, sind meist unsicher. Wütend werden ist im allgemeinen ein Eingeständnis des Versagens, einem Problem nicht gewachsen zu sein oder es nicht lösen zu können. Beachten Sie den Unterschied zwischen *Selbstsicherheit* und *Aggression*! Selbstsicherheit bedeutet, einen Standpunkt einzunehmen, unvernünftigen Einwänden zu widerstehen und nach dem zu fragen, was man wissen will. Aggression bedeutet, andere Menschen fertig zu machen. Selbstsicherheit ist positiv, Aggression negativ.

B. Korrigierende Handlungen

1. Üben Sie, sich selbstsicher zu verhalten! Nochmal: Selbstsicheres Verhalten würde einschließen, nach etwas zu fragen, das Sie möchten (zum Beispiel eine Gehaltserhöhung oder eine Verabredung mit jemand, den oder die Sie ansprechend finden), Gespräche zu initiieren, zu unsinnigen oder unerwünschten Bitten »nein« zu sagen, andere aufrichtig wissen zu lassen, was Sie von ihren Ansichten, ihrem Auftreten, ihren Handlungen halten (positiv wie negativ).
2. Überwachen Sie Ihr selbstunsicheres Verhalten! Jedesmal, wenn Sie weniger selbstsicher sind, als Sie gewesen sein könnten, dann schreiben Sie den Vorfall in Ihr Notizbuch!
3. Wenn Sie sich viel mit Ihrer Familie, mit Menschen, mit denen Sie eng befreundet sind, mit einem Geliebten oder einer Geliebten streiten, dann machen Sie jedesmal, wenn es zu einem Streit kommt, einen Vermerk in Ihr Notizbuch! Wenn es zu Hause zu Auseinandersetzungen kommt, befestigen Sie eine Tabelle an der Innenseite der Toilettentür und notieren Sie Datum, Zeit und Dauer jedes Streits!
4. Wenn die Streitereien anhalten, setzen Sie für einen geregelten Streit auf eine bestimmte Zeit täglich einen Zeitraum von 2 Minuten fest! Benutzen Sie einen Wecker, auf dem Sie so kurze Zeiten einstellen können, z. B. eine Eieruhr (wenn Sie keine haben, ist es eine wertvolle Investition), und stellen Sie sie auf zwei Minuten! Während dieser Zeit schreien Sie sich an, verfluchen Sie sich gegenseitig und gehen Sie noch über all das hinaus, was Sie sich in einem spontanen Streit an den Kopf werfen würden. Nach Ablauf dieser zwei Minuten — also wenn der Wecker klingelt — HÖREN SIE SOFORT AUF und umarmen sich! Es steht Ihnen frei, anschließend weiter zu streiten — falls Sie das dann noch wollen! (Bedenken Sie, daß so ein Streit kontrolliert ist und etwas entscheidend anderes als spontane Aggressivität!)

5. Für Leute mit mehr Energie empfehlen wir eine zweiminütige Kissenschlacht.

6. Immer, wenn Sie sich von der Wut eines anderen eingeschüchtert fühlen, sagen Sie zu sich selbst: »Dieser Mensch fühlt sich wahrscheinlich sehr bedroht und unsicher.« Üben Sie, auf eine der folgenden Weisen zu reagieren:

a) *Unterstützend* (»Es tut mir leid, daß Du Dich so aufregst. Kann ich irgendwas tun, damit Du Dich wohler fühlst?«)

b) *Selbstbewußt* (»Sprich bitte netter mit mir!«)

c) *Nicht bekräftigend* (Indem Sie den anderen oder die andere ignorieren, wenn er oder sie rumschreit, und sehr aufmerksam sind, wenn er oder sie vernünftig redet.)

d) *Paradox* (Indem Sie absurderweise seiner/ihrer Redeweise zustimmen. Zum Beispiel: »Du hast völlig recht, ich hab' bis jetzt noch nie bemerkt, wie kolossal bescheuert ich bin. Wenn noch mehr Leute so wären wie ich, dann würde die Gattung Mensch nicht überleben.«)

7. Wenn Sie sich plötzlich mitten in einem Streit vorfinden, sagen Sie zu sich selbst und zum anderen: »Hör auf! Das ist verrückt!«

8. Sagen Sie nach jedem Ausbruch oder Gefühl von Wut zu sich selbst: »Was wollte ich erreichen und wie hätte ich es besser erreichen können?«

9. Sagen Sie während eines Streits zu sich selbst: »Was würde ich fühlen und wie würde ich mich fühlen, wenn ich der/die andere wäre?« Wenn möglich, notieren Sie sich die Antwort auf diese Frage!

10. Sehen Sie sich Leute an, die wütend sind! Wollen Sie so sein?

Fehler Nr. 7:
Du solltest Dich schuldig fühlen, wenn Du tust, was Du für richtig hältst und andere sich darüber aufregen!

Ein junges Ehepaar besuchte jeden Sonntag die Eltern des Mannes. Gewöhnlich waren die Besuche unerfreulich. Jeden Sonntagmorgen kriegten sich die Eheleute — in Erwartung eines verdorbenen Tages — in die Haare. Eigentlich wollten sie die Eltern weniger häufig besuchen, aber sie hatten Schuldgefühle bei dem Gedanken, sie zu verletzen.

Sie glaubten:

1. Es ist etwas Schlechtes, im eigenen Interesse zu handeln, wenn es andere Menschen beleidigen oder ihre Gefühle verletzen könnte.
2. Wenn andere eine einzelne Handlung oder Bemerkung von dir nicht möchten, dann könnten sie möglicherweise auch dich nicht mehr mögen, und das wäre schrecklich.
3. Wenn du nicht tust, was der/die andere will, dann verlierst du seine/ihre Zuneigung oder Liebe. Auch das wäre furchtbar.
4. Es ist besser, zu geben als zu nehmen.

Glauben SIE irgend etwas davon?

Wie Sie sich ändern

A. Überdenken

1. In den meisten Fällen verletzt man nicht die Gefühle anderer. Mit ihrer Interpretation des Geschehens verletzen sie sich selbst. In derselben Situation gibt es viele mögliche Arten und Weisen zu reagieren.
2. Wenn andere Menschen wirklich an Deiner Entwicklung und an Deinem Wohlbefinden wie an ihrem eigenen interessiert sind, dann wird es Dir und ihnen besser gehen, wenn sie Dich nicht unter Druck setzen und zu etwas zwingen.
3. Wenn Du in Deinem eigenen Interesse handelst, respektieren Dich die anderen mehr und Du wirst mehr Achtung vor Dir selbst haben, als wenn Du anderer Leute Befehle ausführst und Dich selbst als abhängig und unterdrückt erlebst.
4. Wenn Selbstsicherheit und Aufrichtigkeit zum Verlust der Zuneigung oder Liebe anderer Menschen führen, dann war es keine Zuneigung oder Liebe.
5. Wenn Du darüber nachdenkst, was gut für Dich ist, versuche, Vorteile, die erst auf lange Sicht wirksam werden, genauso in Betracht zu ziehen, wie kurzfristig Günstiges. Mit anderen Worten: Berücksichtige – abgesehen von unmittelbaren Befriedigungen — was in einem Monat oder einem Jahr die Konsequenzen Deiner Handlungen sein werden!
6. Weder Geben noch Nehmen ist besser. Am besten ist es, zu geben und zu nehmen.

B. Korrigierende Handlungen

1. Wenn Sie zu dem Typ von Menschen gehören, die automatisch »ja« sagen, gleichgültig, wie sie sich fühlen, dann üben Sie zu sagen: »Laß mich die Sache nochmal überdenken.« »Ich

sag' Dir später Bescheid.« »Ich ruf' Dich später nochmal an.«
2. Schreiben Sie jeden Vorfall in Ihr Notizbuch, bei dem Sie weniger selbstsicher und durchsetzungsfähig gewesen sind, als Sie gewesen sein könnten.
Die Eintragungen eines Tages könnten etwa so aussehen:

---

17. November

1. Ließ mich von Annette überreden, mit auf die Party zu gehen, wollte früh zu Bett — wußte, daß es mich langweilen würde.
2. Versuchte, verkratzte Platte zurückzugeben. Gab's auf, als die Verkäuferin sagte, ich müßte sie beschädigt haben.
3. Sagte Margrit, ich fände ihr neues Kleid schick — in Wirklichkeit fand ich es scheußlich.

---

3. Probieren Sie eine selbstsicherere und durchsetzungsfähigerere Reaktion, wenn Sie allein sind — entweder laut oder in Gedanken. Schreiben Sie dann einen wirklichkeitsgetreuen Kurzreport von dem auf, was vorgefallen ist, und danach eine Version, in der Sie mit mehr Durchsetzungskraft handeln.
Niederschriften der vorausgegangenen Situationen könnten zum Beispiel folgendermaßen aussehen:

---

a) tatsächlicher Vorfall

Annette: Ich würde mich wirklich freuen, wenn Du mit zur Party kämst.
Ich: Also, ich bin ziemlich müde und würde lieber hier bleiben.
Annette: Ich bin sicher, es wird Dir gefallen. Jedenfalls werden die Stenzels schwer gekränkt sein, wenn Du nicht hingehst.
Ich: Ja, dann ... Gut. Okay.

Verbesserte Fassung

Annette: Ich würde mich wirklich freuen, wenn Du mit zur Party kämst.

Ich: Also, ich bin ziemlich müde und hab' mich entschlossen, nicht hinzugehen.

Annette: Ich bin sicher, es wird Dir gefallen. Jedenfalls werden die Stenzels schwer gekränkt sein, wenn Du nicht hingehst.

Ich: Ich hoffe, die Stenzels werden nicht verärgert sein, aber ich bin sehr müde und ich werde früh zu Bett gehen. Du gehst und hast Deinen Spaß!

b) tatsächlicher Vorfall

Ich: Ich habe diese Platte hier vor 2 Tagen gekauft, und als ich sie abspielen wollte, habe ich bemerkt, daß sie einen Kratzer hat.

Verkäuferin: Unsere Platten werden in der Fabrik versiegelt und da ist es unmöglich, daß sie verkratzt werden. Das muß passiert sein, als Sie sie gehört haben.

Ich: Ich habe es aber sofort gemerkt, als ich den Plattenspieler anstellte.

Verkäuferin: Dann muß irgendwas mit Ihrer Nadel nicht in Ordnung sein. Es tut mir leid, aber wir können sie nicht zurücknehmen.

Ich: Das ist das letzte Mal, daß Sie mich hier gesehen haben! (Ging wütend raus.)

Verbesserte Fassung

Verkäuferin: Das muß passiert sein, als Sie sie gehört haben.

Ich: Unmöglich! Ich weiß, wie man mit Platten umgeht. Diese Platte war von Anfang an beschädigt, und ich möchte sie entweder umtauschen oder mein Geld zurückbekommen.

c) tatsächlicher Vorfall

Margrit: Wie gefällt Dir mein neues Kleid?
Ich: Große Klasse, wirklich schick!

Verbesserte Fassung

Margrit: Wie gefällt Dir mein neues Kleid?
Ich: Also, ausgerechnet dieses gefällt mir nicht.

oder

Hier unterscheiden sich unsere Geschmäcker. Es gefällt mir überhaupt nicht.

oder

Ich finde, es wird Deiner Figur nicht gerecht.

oder

... es bringt Deinen Teint und Deine Haarfarbe nicht recht zur Geltung.

Eine Bemerkung über selbstsicheres, durchsetzungsfähiges Verhalten

Die Bedeutung direkter und ehrlicher Meinungsäußerung und der Wert des Eintretens für Rechte kann kaum überbetont werden. Vergessen Sie aber bitte nicht, daß ein selbstbewußter und durchsetzungsfähiger Mensch auch nicht immer bekommt, was er/sie will; letzten Endes hat er/sie jedoch das befriedigende Erlebnis, etwas unternommen zu haben, um sich durchzusetzen. Wenn Sie es sich zur Gewohnheit machen, was Sie fühlen und denken, direkt, offen, ehrlich und frei auszusprechen, werden Sie sich unzählige Qualen und eine Reihe von Problemen oder unangenehmen Erscheinungen ersparen.

Fehler Nr. 8:
Sieh zu, daß Du es anderen Leuten recht machst, und daß sie Dich mögen und anerkennen!

Eine junge Frau, die große Anstrengungen unternahm, es jedem recht zu machen und seine Zuneigung zu gewinnen, kam in eine äußerst schwierige Situation, als mehrere ihrer engsten Freunde miteinander unvereinbare Ansprüche an sie stellten.
Sie hatte natürlich ihre eigenen Bedürfnisse nie zum Ausdruck gebracht, und sie fing an, unter Angstzuständen und Panikanfällen zu leiden.

Sie glaubte:

1. Besser, man macht es anderen recht, als sich selbst.
2. Wenn du dich stets bemühst, andere Menschen zufrieden zu stellen, dann mögen und respektieren sie dich.
3. Die Bedürfnisse anderer Menschen über deine eigenen zu stellen, gibt dir das Recht, auf sie zu zählen, wenn du sie brauchst.
4. Wenn du es anderen Menschen nicht recht machst, zerstörst du dir die Chance, glücklich und erfüllt zu leben.

Glauben SIE irgend etwas davon?

Wie Sie sich ändern

A. Überdenken

1. Menschen, die versuchen, es jedem recht zu machen, neigen dazu, sich schließlich selbst nichts mehr zu bedeuten. Wenn man sich selbst nichts mehr bedeutet, wie kann man da jemand anders etwas bedeuten?

2. Menschen, die nicht in ihrem eigenen Interesse handeln, wirken nicht »echt«, und andere tendieren dazu, ihre Gegenwart als sehr unangenehm zu empfinden.

3. Die Menschen neigen dazu, einen geläuterten, aufgeklärten Eigennutz zu respektieren und Verhalten, mit dem sich jemand selbst erniedrigt, zu verachten. (Eigennutz und Selbstsucht sind zwei verschiedene Dinge. Geläuterter, aufgeklärter Eigennutz bedeutet, daß jemand seine Wirkung auf andere berücksichtigt. Selbstsucht ist mit der Mißachtung der Konsequenzen, die das eigene Verhalten für andere mit sich bringt, gekoppelt.)

4. Sogar, wenn man es allen recht machen könnte, wäre man in einer verwundbaren Position. Sobald nämlich jemand Mißvergnügen zeigen würde, wäre man völlig am Boden zerstört, weil man keine geeigneten Verhaltensweisen gelernt hätte, auch nur auf die leiseste Kritik zu reagieren und mit ihr fertig zu werden. Zu lernen, wie man es riskiert, wenn es sein muß, den Verdruß anderer Menschen auf sich zu ziehen, und wie man damit fertig wird, wenn es tatsächlich geschieht, ist ein notwendiger Bestandteil der Entwicklung zum Besseren. Und zweitens zwingt man sich dazu, von sich selbst entfremdet zu bleiben, wenn man aus Furcht davor, anderen zu mißfallen, seine Meinung nicht offen ausspricht.

(Der Fehler erinnert uns an die Geschichte von den beiden Freunden, die regelmäßige Kirchgänger waren. Während der eine ziemlich locker zu seinen Gebeten stand, war der andere eifrig darauf bedacht, Gott zu gefallen, ihn zu preisen und bemühte sich im allgemeinen außerordentlich, »religiös« und gottesfürchtig zu sein. Schließlich kam der nicht so verbissene der beiden Männer gut im Leben voran, wurde wohlhabend und zufrieden, während sein ernster Freund nur mühsam vorankam, obwohl er sich noch mehr anstrengte, dem Herrn zu gefallen. Schließlich, als der letztere in den Himmel kam und Gott fragte, warum denn alle seine Opfer und Gebete unbeachtet geblieben wären, antwortete Gott: »Weil Du mich aufgeregt hast damit!«

B. Korrigierende Handlungen

1. Üben Sie es, mehr Dinge zu tun, mit denen Sie sich selbst gerecht werden, die Ihnen selbst gefallen! Und zwar auch dann, wenn das manchmal den Bedürfnissen anderer zuwiderläuft!
2. Versuchen Sie, in jeder Situation, wo Entscheidungen getroffen werden, zu denken: »Was wäre am besten für mich?« und die Antwort darauf in ein Notizbuch zu schreiben! Wenn Sie nicht sicher sind, was das Beste für Sie ist, machen Sie eine Liste von dem, was dafür spricht, und von dem, was dagegen spricht!
3. Wenn Sie schon eine voreilige Entscheidung getroffen haben, führen Sie sich noch einmal alles vor Augen und überlegen Sie sich, wie Sie es anders gemacht haben könnten! Wiederholen und probieren Sie die günstigere Handlung in Gedanken oder zusammen mit jemand anderem!
4. Machen Sie jedesmal ein Zeichen in Ihr Notizbuch, wenn Sie es jemand anderem auf Ihre Kosten recht machen! Rechnen Sie täglich, bevor Sie schlafen gehen, die Summe aus und versuchen Sie dann, am nächsten Tag mit verschiedenen Methoden Ihre Punktzahl zu senken!

Anmerkung: Diese Ratschläge sollten nicht so ausgelegt werden, als könnte man aus Ihnen schließen, daß es von vornherein ein Fehler wäre, es anderen Menschen recht zu machen! Viele von uns allen haben ihre echte Freude daran, anderen einen Gefallen zu tun. Wir wenden uns lediglich an diejenigen, die in unangemessener Weise ihre eigenen Bedürfnisse hinter die anderer zurückstellen.

Fehler Nr. 9:
Hab Recht! Zeige den anderen, daß Deine Ansichten besser sind als ihre!

Eine fünfunddreißigjährige Frau war bedrückt wegen ihrer unbefriedigenden Beziehungen zu anderen Menschen – im privaten Bereich wie auf der Arbeit. Sie hatte tatsächlich keine richtigen Freunde. Es fiel einem auf, daß sie über alles mit großer Sicherheit sprach und daß sie oft, wenn jemand nicht mit ihr übereinstimmte, Sachen sagte wie: »Völliger Unsinn« oder »Das ist ja lächerlich«.

Sie glaubte:

1. Ich denke, daß ich weiß, also weiß ich auch.
2. Meine Meinung ist nicht bloß eine Meinung, sondern eine Tatsache.
3. Es ist wichtig, daß ich recht habe. Sonst stehe ich da wie ein Blödian.
4. Wenn ich meine Ansichten darlege, dann respektieren mich die anderen nicht, wenn ich mich dabei nicht so verhalte, als hätte ich recht.

Glauben SIE irgend etwas davon?

Wie Sie sich ändern

A. Überdenken

1. Es besteht ein großer Unterschied zwischen einer Tatsache und Wahrheit auf der einen und einem Glauben, einer Meinung, einem Geschmack und einer Vorliebe auf der anderen Seite.
2. Eine Tatsache kann überprüft und festgestellt werden: Lincoln wurde 1809 geboren. Ein Glaube, eine Meinung, ein Geschmack oder eine Vorliebe jedoch nicht: Bohnen schmecken besser als Erbsen, langes Haar ist attraktiver als kurzes.
3. Jeder Mensch hat das Recht, seine Meinung zu sagen, ohne verspottet oder niedergeschrien zu werden.
4. Meinungsunterschiede und die Toleranz diesen Differenzen gegenüber tragen zur persönlichen Entwicklung bei.
5. Wir sollten es vermeiden, diejenigen anzugreifen oder abzustempeln, die nicht mit uns einer Meinung sind. Es besteht ein entscheidender Unterschied zwischen dem, was falsch ist und dem, was wir nicht mögen oder ablehnen. Es gibt solange keine falschen oder unmoralischen Gedanken oder Verhaltensweisen, solange nicht nachgewiesen werden kann, daß sie darauf hinauslaufen, anderen Menschen Leid zuzufügen.

B. Korrigierende Handlungen

1. Wenn es sich nicht um eindeutige Fakten handelt, dann üben Sie zu sagen: »Es scheint mir; ich habe den Eindruck gewonnen; ich meine; ich denke; ich glaube; meiner Ansicht nach ...« anstatt »Ich weiß; es ist ein Faktum; es ist ganz sicher« usw.
2. Beachten Sie diese Eigenschaft bei anderen ebenso wie bei sich selbst. Kreuzen Sie jede dogmatische Bemerkung, die Sie

machen in Ihrem Notizbuch an: »Da liegst Du falsch; ich habe recht; Du hast ja keinen Geschmack; Du weißt nicht, was gut ist; Du hast ja keinen Verstand!«

3. Korrigieren Sie höflich diesen Diskussionsstil bei anderen! Wenn zum Beispiel jemand sagt »Du hast ja keinen Geschmack«, dann antworten Sie ihm freundlich: »Du meinst wohl, daß Du nicht mit dem übereinstimmst, was ich gesagt habe.«

4. Üben Sie, konstruktiv anderer Meinung zu sein als andere: »Das mag ja ein großartiges Gemälde sein, aber es gefällt mir nun mal nicht.«

5. Wenn Sie es nicht gewohnt sind, zwischen Fakten und Meinungen zu unterscheiden oder über den Unterschied nachzudenken, dann machen Sie sich während jeden Gesprächs beziehungsweise während jeder Diskussion bei jedem Beitrag eine Notiz, ob es sich um einen »F«-Beitrag (Faktum) oder einen »M«-Beitrag (Meinung) handelt.

Fehler Nr. 10:
Du mußt Dein Glück verdienen!

Aufgrund seiner pietistischen Lebenseinstellung glaubte ein Mann in den mittleren Jahren, daß er nur dann ein Recht darauf habe, glücklich zu sein oder Freude zu empfinden, wenn er vorher etwas geleistet hätte, kreativ gewesen wäre oder etwas hergestellt hätte, das zumindest der Mühe wert gewesen wäre. Jedesmal, wenn er spontan Freude oder Zufriedenheit verspürte (was nicht allzuoft vorkam!), bekam er sofort Schuld- und Angstgefühle, es sei denn, er konnte die positiven Gefühle rechtfertigen.

Er glaubte:

1. Der Sinn des Lebens liegt darin, hart zu arbeiten und produktiv — nicht glücklich — zu sein.
2. Diejenigen, die dem Glücklichsein Wert beimessen, sind zügellose Glücksritter, die nie vorankommen werden.
3. Sei vorsichtig im Umgang mit der Freude und dem Glück, weil darauf immer Leid und Unglück folgen!
4. Wenn du in diesem Leben unglücklich bist, dann hast du bessere Aussichten auf wahres Glück im Leben nach dem Tode.

Glauben SIE irgend etwas davon?

Wie Sie sich ändern

A. Überdenken

1. Denken Sie einmal über die Auffassung nach, daß Glück ein mit der Geburt erworbenes Recht ist! Sie leben, deshalb haben Sie ein Anrecht auf Glück.
2. Vergessen Sie nicht, daß zu viele Menschen, die ergeben der Vorschrift folgen, hart zu arbeiten, sich aufopfern, etwas zu erreichen, zu leisten, zu schaffen und voranzukommen, entweder dabei zusammenbrechen oder hinter allem nur auf emotionale Leere stoßen. Sie versuchen, auch andere dazu zu bringen, sich schuldig zu fühlen. **Sie haben ein Recht darauf zu tun, was auch immer Ihnen gefällt — vorausgesetzt, Sie verletzen dabei niemand anderen.**
(Wir sehen Moral im Zusammenhang mit zwischenmenschlichen Beziehungen und sind deshalb der Meinung, daß es, wenn Sie sich selbst weh tun, zwar bedauerlich sein mag, aber nicht unmoralisch ist.)

B. Korrigierende Handlungen

1. Schreiben Sie in Ihr Notizbuch, wieviel Zeit Sie damit verbringen, das zu tun, von dem Sie meinen, Sie »müßten« es tun — im Gegensatz zu dem, was Sie wirklich gern täten! (Rechnen Sie am Ende jedes Tages die »Vergnügungs«-Stunden und die »Pflicht«-Stunden aus!)
2. Verbringen Sie schließlich jeden Tag eine Stunde damit, etwas aus »reinem Vergnügen« zu tun! (Achten Sie dabei darauf, daß das, was Sie zu Ihrem Vergnügen tun, nicht mit irgendeinem anderen Ziel in Konflikt gerät. Wenn Sie zum Beispiel abnehmen wollen, dann suchen Sie sich nicht eine Stunde aus, in der Sie aus »reinem Vergnügen« essen!)

3. Stellen Sie eine Liste von den Sachen auf, die Ihnen Spaß gemacht haben oder die Ihnen Spaß machen könnten! Versuchen Sie systematisch, immer mehr dieser Dinge, die Ihnen Freude bereiten, in Ihre täglichen Aktivitäten einzuschleusen! Wenn Sie zum Beispiel Konzerte mögen oder Theaterstücke, wenn Sie gern tanzen, schwimmen, malen, kegeln, lesen, heiß duschen, Karten spielen, wandern, mit jemandem schlafen, onanieren, Freunde besuchen, fotografieren usw., dann tun Sie das öfters als bisher — was auch immer es sei, das Sie »anmacht«!

4. Bewerten Sie eine Woche lang jeden Abend, bevor Sie schlafen gehen, Ihre Aktivitäten auf einer Skala von —5 bis +5 (wobei —5 äußerstes Mißvergnügen bedeuten würde, 0 neutral wäre und + 5 für extreme Freude stände)! Zählen Sie die Punktzahl zusammen und überprüfen Sie, ob Sie annehmbar im positiven Bereich liegen! Zum Beispiel gab uns einer unserer Klienten die folgenden Bewertungen: Aufwachen (—1), rasieren (0), duschen (+1), mit dem Wagen zur Arbeit fahren (—1), sich mit Kunden befassen (—2), mit Freunden Essen gehen (+3), Briefe diktieren (0), Rechnungen überprüfen (—1), Treffen mit Käufern (+2), heimfahren (+2), zu Abend essen (+2), Verwandte besuchen (0). Damit war seine Punktzahl für diesen Tag +5. Wie hätte er wenigstens auf +10 Punkte kommen können?

Fehler Nr. 11:
Geh auf Nummer sicher!
Riskiere nichts!

Ein achtundvierzigjähriger Apotheker, der in einer Krankenhausapotheke beschäftigt war, litt darunter, daß er die Gelegenheit verpaßt hatte, zusammen mit einem seiner Freunde eine Apotheke aufzumachen. »Die Arbeit im Krankenhaus gab mir Sicherheit und ich wollte nichts riskieren. Mein Freund fragte dann jemand anders, ob er bereit wäre, bei dem risikohaften Unternehmen mitzumachen, und schon ein Jahr später haben sie zwei Filialen aufgemacht.«

Er glaubte:

1. Es ist lebenswichtig, alles hin und her zu überlegen und alles sehr gründlich abzuwägen, bevor man etwas wagt.
2. Schuster bleib bei deinen Leisten — dann passiert dir auch nichts.
3. Wann auch immer du etwas riskierst, du stürzt dich damit doch nur ins Verderben.
4. Sicherheit ist wichtiger als Glück.

Glauben SIE irgend etwas davon?

Wie Sie sich ändern

A. Überdenken

1. Sehr oft, wenn Sie »erst wägen, dann wagen«, fährt der Zug am Ende ohne Sie ab. Es ist zwar vernünftig, verschiedene Punkte sorgfältig zu berücksichtigen, aber manchmal, wenn Sie »wagen bevor Sie wägen«, können Sie gerade dadurch »einen Blumentopf gewinnen«.
2. Das Leben steckt schon an und für sich in jedem Augenblick voller Risiken. Wer vernünftig ist, wird selbstverständlich Situationen vermeiden, die gefährlich sind oder sich nachteilig für ihn auswirken; aber die Risiken, auf die wir abzielen, gehören nicht zu dieser Kategorie. Mit Bedacht *psychische* Risiken einzugehen (wie eine neue Stellung annehmen, jemandem die Meinung sagen, ohne bestimmtes Ziel ausgehen, um einen Gefallen bitten, eine Meinung vertreten oder einen Ratschlag geben), trägt dazu bei, ein alltägliches Dasein in ein erregendes Leben zu verwandeln.
3. Die alte Philosophie »Wer wagt, gewinnt«, unterstreicht die Tatsache, daß die Leute, die psychischen Risiken aus dem Weg gehen, weiter nichts davon haben als Einsamkeit und Enttäuschung. Viele Menschen, die sich einsam fühlen in dieser Welt, wagen es nicht, von ihren eingefahrenen Wegen abzuweichen, aus ihrem Trott auszubrechen, sondern hoffen immerzu, daß durch irgendeine Fügung des Schicksals ihnen die schönen Dinge des Lebens eben mal so über den Weg laufen.
4. Kennen Sie *irgend jemanden*, der ein glückliches und erfülltes Leben führt und nichts riskiert?

B. Korrigierende Handlungen

1. Fragen Sie sich selbst: »Was von dem, das ich bisher vermieden habe, kann ich anfangen zu tun?« Dann wagen Sie es,

etwas von diesen speziellen Sachen zu tun; zum Beispiel um eine Gehaltserhöhung zu bitten, um ein Rendezvous zu bitten, einen Vorgesetzten einzuladen, ganz offen zu einem intimen Freund/zu einer intimen Freundin zu sein oder einen abweichenden Standpunkt zu äußern!
2. Bringen Sie es schließlich zu *einem* psychischen Wagnis täglich! (Beispiel: »Ich habe meinem Onkel widersprochen.« »Ich habe mich geweigert, Überstunden zu machen.« »Ich bat einen Freund, mir das Geld zurückzuzahlen, das er mir schuldete.«) Nach einer Woche, wenn Sie 7 oder mehr Risiken auf sich genommen haben, werden Sie wahrscheinlich mehr Selbstsicherheit und Selbstvertrauen und das Gefühl haben, Ihr eigenes Schicksal mehr in der Hand zu haben.

Eine Fallgeschichte zur Veranschaulichung

Dies ist ein guter Augenblick für Sie, eine Fallgeschichte zu studieren, die veranschaulicht, wie Sie, wenn Sie das wollen, Ihr Verhalten ändern können!
Ein junger Mann war sehr schüchtern und hatte Angst davor, Frauen einzuladen. Er befürchtete, zurückgewiesen zu werden und wollte das Risiko nicht auf sich nehmen, irgendeinen Kontakt anzuknüpfen. Wir schlugen die folgenden Schritte vor:
1. Eine Woche lang sollte er jede Gelegenheit notieren, die er gehabt hatte, eine Frau anzusprechen, von der er sich wenigstens ein bißchen angezogen fühlte (auf der Arbeit, in Fahrstühlen, Geschäften, Restaurants, Bars, Museen, Parks, in der Wäscherei usw.). Dazu gehörten Situationen, in denen er sich mindestens für ein paar Sekunden in der Nähe einer Frau aufhielt (mehr als eine kurze Begegnung auf der Straße). Die erste Woche sah folgendermaßen aus:

Mo.	Di.	Mi.	Do.	Fr.	Sa.	So.
II	I	IIIII	I	0	IIIIII	II

2. Als nächstes wurde er aufgefordert, diesen Begegnungen Punktwerte zuzuteilen: *0* wenn er nichts sagte; *1* wenn er lächelte und eine Bemerkung machte wie »Hallo« oder »Schöner Tag heute« oder »einen netten Pullover haben Sie da an«; *2* wenn es mindestens zu einem kurzen Gespräch kam, in dem die Frau antwortete und er dann, wenn auch mit wenigen Worten, die Unterhaltung fortsetzte; *3* wenn er sagte, daß er sich gern mal mit ihr treffen würde oder wenn er sie um ihre Telefonnummer bat. (Es spielte keine Rolle, wenn er abgewiesen wurde. Das einzig Wichtige war das Fragen.) Für jede mögliche Begegnung hätte er einen Höchstwert von drei Punkten erreichen können. In der obigen Strichliste zum Beispiel hätte er am Montag 6 Punkte haben können, am Dienstag 3, am Mittwoch 15 usw.
Die zweite Woche sah folgendermaßen aus:

	Mo.	Di.	Mi.	Do.	Fr.	Sa.	So.
Höchstmögliche Punktzahl	6	9	6	15	6	6	3
Tatsächlich erreichte Punktzahl	0	2	2	4	2	3	1

Wie Sie sehen, ist dies kein Alles-oder-nichts-Konzept. Es ist viel wert, daß Sie schon dadurch Übung bekommen können, daß Sie nur ein wenig plaudern, ohne nach etwas Bestimmtem zu fragen. Indem er sein Verhalten eine Zeitlang auf diese Weise überwachte und steuerte, grüßte der junge Mann jede Frau, die er grüßen wollte und die Summe seiner tatsächlich erreichten Punkte fing an, sich dem Höchstmöglichen anzunähern. Als es ihm leichter fiel, »hallo« zu sagen (mit einem Punkt zu bewerten), folgten bald kurze Unterhaltungen (2 Punkte). Letztere nahmen während der nächsten paar Monate immer mehr zu, und er hatte in der Zeit ziemlich viele Kontakte mit anderen Menschen.

Fehler Nr. 12: Versuche, völlig unabhängig und selbständig zu werden!

Ein junger Mann, der damit angab, daß er »für nichts auf der Welt irgend jemanden brauchte«, gab auch zu, daß er keinen Wert, kein Ziel und keinen Sinn im Leben sehen könne.

Er glaubte:

1. Jemandes Hilfe oder Unterstützung zu brauchen, bringt dich sofort in eine angreifbare, verwundbare Position.
2. Es ist immer gut, mit anderen zu konkurrieren und anderen überlegen zu sein, so daß du »obenauf« bist.
3. Entweder bist du ein unabhängiger Mensch und voller Selbstvertrauen, oder du bist ein weicher und unreifer, abhängiger und unterlegener Typ.
4. Sich jemand anderem zuzuwenden, um Rat und Unterstützung zu erhalten, bedeutet, die eigene Unfähigkeit zuzugeben und deine Begrenztheit offen darzulegen.

Glauben SIE irgend etwas davon?

Wie Sie sich ändern

A. Überdenken

1. Zwischen »gesunder« und »parasitärer« Abhängigkeit besteht ein himmelweiter Unterschied. In unserer komplexen Gesellschaft sind wir alle mehr oder weniger von anderen abhängig. Die meisten Menschen bauen sich nicht ihre eigenen Häuser, pflanzen nicht ihre eigene Nahrung an, machen ihre Kleidung nicht selbst. Und genausowenig können sie ihre Fernsehgeräte und Autos selbst reparieren. Für gewöhnlich versuchen Zahnärzte nicht, ihre Füllungen selber zu machen!
2. Die Annie-get-your-gun-Philosophie (»Alles was Du kannst, das kann ich viel besser!«) läuft grundlegender Psychologie zuwider. Jeder, mit Ausnahme eineiiger Zwillinge, hat andere Erbanlagen und Chromosomen und wir alle haben Unterschiedliches von und in der Umwelt gelernt. Deshalb muß tatsächlich jeder Mensch irgendein Wissen, eine Fähigkeit oder ein Talent haben, das du nicht besitzt (und umgekehrt). Etwas Anderes zu behaupten, bedeutet, sich selbst die Möglichkeit zu nehmen, von den einzigartigen Eigenschaften anderer Menschen zu profitieren.
3. Indem man im Gegensatz zu einer kooperativen Haltung (»Es muß eine Reihe von Dingen geben, die Du weißt und kannst und die ich nicht weiß und kann!«) eine Konkurrenzhaltung einnimmt (»Ich kann alles genauso gut wie Du, oder besser!«), stellt man Distanz her, schafft Gegensätze und Feindseligkeit, Mißtrauen, Abwehr und Haß.
4. Wenn Menschen ihre Mittel und ihr Können zusammentun, stärken sie sich gegenseitig (»Ich helfe Dir in den Bereichen, wo ich mehr weiß als Du, und wäre dankbar, wenn Du mich in den Situationen unterstützen würdest, wo Du mehr weißt als ich.«). Glückliche Ehen zum Beispiel sind auf Gegenseitig-

keit aufgebaut, während Konkurrenz zwischen Eheleuten gewöhnlich zersetzend wirkt.

B. Korrigierende Handlungen

1. Machen Sie jedesmal einen Vermerk in Ihr Notizbuch, wenn Sie Hilfe brauchen, aber zu stolz oder gehemmt sind, darum zu bitten!
2. Üben Sie es, andere um kleine Gefälligkeiten zu bitten! Wie mit den meisten Dingen ist es anfangs schwierig, wird dann aber bald viel leichter!
3. Üben Sie es, Lob und Anerkennung zu akzeptieren und nehmen Sie es an, wenn jemand »dankeschön« sagt, anstatt es abzutun oder sich selbst herabzusetzen!
4. Denken Sie daran, daß es sich auszahlt, die Balance zwischen abhängigem und unabhängigem Handeln zu halten. Der Einsiedler, der angeblich völlig unabhängig ist, ist schwerlich ein Vorbild an menschlicher Einstellung! Vergegenwärtigen Sie sich einmal die Dinge, die Sie *täglich* für sich allein tun und die Dinge, um die Sie *täglich* andere bitten, sie für Sie zu tun!

Fehler Nr. 13: Wenn Du Problemen und unangenehmen Situationen aus dem Weg gehst, dann verschwinden sie mit der Zeit von selbst

Eine Frau beklagte sich über chronisches Unglück. Während ihrer ganzen Kindheit und Jugend, immer wenn sie akute Probleme hatte oder ihren Ärger rausließ, hatte ihre Mutter zu ihr gesagt: »Geh, Schatz, leg Dich hin, dann geht's Dir gleich besser!« Sie hatte gelernt, »die Dinge unter den Teppich zu kehren«, und jede direkte Auseinandersetzung mit anderen zu vermeiden.

Sie glaubte:

1. Viele unangenehme Situationen werden nur schlimmer, wenn man sich ihnen stellt.
2. Wenn man betrübliche und schmerzliche Sachen links liegen läßt und nichts von ihnen wissen will, dann gehen sie schon von selbst weg.
3. Wenn du nur immer »Das geht schon alles in Ordnung« sagst, dann wird dir dies positive Denken eine Menge nützen.
4. Unangenehmen Angelegenheiten aus dem Wege zu gehen, ist ein Zeichen von Bildung und guter Erziehung und zeugt von Lebenskultur.

Glauben SIE irgend etwas davon?

Wie Sie sich ändern

A. Überdenken

1. Der Hang dazu, über die Maßen Dinge zu vermeiden, ist das deutlichste Zeichen für »neurotisches« Verhalten.
2. Den »leichteren« Weg zu gehen, stellt sich auf die Dauer oft als »teurer Spaß« heraus. Wenn man den meisten Problemen aus dem Wege geht, sind sie damit nicht aus der Welt, sondern treten einem oft unheimlicher vor die Augen.
3. Unter dem Deckmantel von Takt und Diplomatie gehemmt und indirekt sein, führt zu unaufrichtigen, heuchlerischen und falschen Lebensstilen.

B. Korrigierende Handlungen

1. Stellen Sie eine Liste von allen unangenehmen Situationen auf, denen Sie bisher aus dem Weg gegangen sind; zum Beispiel, Ihrer Frau/Ihrem Mann zu sagen, daß sie/er Sie endlich auch mal zum Zug kommen lassen soll; Ihre Verwandten zu bitten, Ihnen weniger ungebetene Ratschläge zu geben; einen Freund aufzufordern, Ihnen das Geld zurückzugeben; jemanden zu fragen, ob er/sie mit Ihnen ausgeht; einen Beschwerdebrief schreiben; einen Freund im Krankenhaus besuchen!
2. Malen Sie sich aus, wie Sie diese Handlungen erfolgreich ausführen! Sprechen Sie laut vor sich hin, was Sie sagen wollen! Wenn Sie ein Tonbandgerät oder einen Kassettenrecorder haben, nehmen Sie die imaginären Zwiegespräche auf und hören Sie sie sich an! Sie werden das sehr nützlich finden.
3. Machen Sie nicht zuviel auf einmal! Gehen Sie zuerst an die Probleme heran, die für Sie am leichtesten zu bewältigen sind und steigern Sie dann systematisch den Schwierigkeitsgrad der Aufgaben, die Sie sich selbst stellen! Vermerken Sie die Situationen und Ereignisse, die Sie früher gemieden haben und an die Sie jetzt zunehmend herangehen!

Fehler Nr. 14:
Bemühe Dich, perfekt und vollkommen zu sein!

Eine junge Schauspielerin setzte sich selbst so hohe Maßstäbe, daß sie es ständig nicht schaffte, ihre Erwartungen zu erfüllen. Sie war oft frustriert, ängstlich, deprimiert, und häufig hatte sie das Gefühl, völlig unzulänglich zu sein.

Sie glaubte:

1. Wenn du etwas nicht perfekt beherrschst, dann kannst du genausogut die Finger davon lassen.
2. Nach irgend etwas zu streben, das weniger wäre als Perfektion oder Vollkommenheit, würde bedeuten, ein Mensch zweiter Klasse zu sein.
3. Viele Menschen führen perfekte Ehen, haben Kinder und Eltern ohne Fehler, den idealen Beruf, Freundschaften, die vollkommen sind usw.
4. Es ist tatsächlich möglich, eine vollkommene Frau oder ein vollkommener Ehemann, ein Sohn oder eine Tochter ohne Fehler, ein perfekter Arbeitnehmer oder Arbeitgeber usw. zu sein.

Glauben SIE irgend etwas davon?

Wie Sie sich ändern

A. Überdenken

1. Wenn dein Anspruchsniveau zu hoch ist, wirst du oft deine eigenen Absichten und Ziele kaputtmachen. Bemühe dich, es zu Qualifikation und Kompetenz zu bringen; da aber Perfektion und Vollkommenheit selten sind, kommst du viel weiter, wenn du es darauf anlegst, gut bis durchschnittlich zu sein, anstatt der Perfektion oder Vollkommenheit hinterherzulaufen.
2. Sich selbst oder anderen gegenüber auf Perfektion oder Vollkommenheit zu beharren, hat ganz bestimmt Unzufriedenheit und Enttäuschung zur Folge, weil du wie jeder andere auch es immer wieder nicht schaffen wirst, diese Ziele zu erreichen.
3. Wenn man die Tatsache akzeptiert, daß alle Menschen *von Natur aus* unvollkommen und fehlbar sind, dann wird man sich zwar bemühen, weniger unvollkommen und weniger fehlbar zu werden, aber man wird niemals versuchen, vollkommen oder unfehlbar zu sein (oder zu sein vorzugeben).
4. Der Prozeß, zu versuchen, etwas zufriedenstellend oder gut zu machen, stellt sich zwar oft als unangenehm heraus, aber wenn man sich in Richtung Vollkommenheit in Gang setzt, ist jeder Schritt auf dem Weg dorthin mit innerer Gespanntheit und Angst belastet.

B. Korrigierende Handlungen

1. Stellen Sie eine Liste der Dinge auf, die Sie aufgegeben haben, weil Sie sie nicht perfekt beherrscht haben! Dann fangen Sie mit einigen dieser verworfenen Aktivitäten um des reinen Vergnügens willen noch einmal an! (Einige Leute hören auf, Klavier zu spielen, meiden Sex, geben das Tennisspielen oder

das Tanzen auf usw., weil sie es nicht gut genug beherrschen oder nicht perfekt können.) Sich so zu verhalten, ist äußerst dämlich. **Es lohnt sich, sich an der Handlung selbst zu erfreuen, gleichgültig, wie das Endresultat aussieht.**

2. Arbeiten Sie daran, zu einer antiperfektionistischen Einstellung zu gelangen! Erklären Sie anderen Leuten, warum das Streben nach Perfektion selbstzerstörerisch ist, und notieren Sie sich jeden Nachteil, den Sie am Perfektionismusstreben entdecken!

Fehler Nr. 15:
Von einzelnen Aussagen und Handlungen kannst Du auf den ganzen Menschen schließen

Ein Maschinenbauingenieur kam zur Therapie, weil er sich gelangweilt fühlte, einsam und frustriert war. Er hatte keine engen Freunde, und schon die meiste Zeit seines Lebens war er ein Einzelgänger gewesen. Es wurde bald augenscheinlich, daß er sowohl selbstkritisch als auch überkritisch anderen gegenüber war. Er war schnell bei der Hand damit, andere zu be- und verurteilen und sie ein bißchen »unterbelichtet« zu finden, und sich selbst gegenüber war er außergewöhnlich hart. Als er lernte, damit aufzuhören, Menschen abzulehnen und statt dessen nur ihre jeweils bestimmten Verhaltensweisen zu kritisieren — und als er lernte, seine spezifischen Verhaltensweisen von seiner Grundpersönlichkeit zu unterscheiden — wurden viele fruchtbare und tiefgreifende Veränderungen offensichtlich.

Er glaubte:

1. Wenn jemand egoistisch oder unaufrichtig handelt oder sich aggressiv verhält, dann macht ihn/sie das zu einer egoistischen, unaufrichtigen oder aggressiven Person.
2. Wenn jemand manchmal feindselige, schmutzige oder verrückte Gedanken hat, macht ihn/sie das automatisch zu einem feindseligen und anstößigen Menschen.
3. Wenn du jemand anderen herabsetzt — indem du zum Beispiel seine Fehler und Unzulänglichkeiten aufdeckst — dann bringt dich das gewöhnlich in eine überlegene Position.
4. Wenn du weißt, was die Leute für einen Beruf haben,

was für Autos sie fahren, was für Kleidung sie tragen usw., dann weißt du viel über sie.

Glauben SIE irgend etwas davon?

Wie Sie sich ändern

A. Überdenken

1. Zuallererst muß man isolierte einzelne, bestimmte Handlungen als von der gesamten *Persönlichkeit* getrennt betrachten! Jemand, an dem ein paar egoistische und aggressive Verhaltensweisen auffallen, kann möglicherweise viele wünschenswerte Eigenschaften aufweisen.
2. Andere (oder sich selbst) zu etikettieren und abzustempeln, ist falsch und im Kern zerstörerisch. Wenn man sagt »Er ist ein Dieb« falls man hätte sagen können »Er hat einen Laib Brot gestohlen«, dann etikettiert man, dann stempelt man jemanden als etwas ab. Wenn man — andererseits — sagt »Er hat gelogen« anstatt »Er ist ein Lügner«, dann trifft man bloß eine Feststellung.
3. Wenn jemand eine äußerst angenehme Eigenschaft hat, macht ihn das nicht automatisch zu einem angenehmen Menschen.
4. Denken Sie über einige Ihrer Versagen nach und über einige der Dummheiten, die Sie begangen oder gesagt haben, und versuchen Sie, sich darüber klar zu werden, daß Sie deshalb noch lange kein »Versager« oder »Dummkopf« sind!

B. Korrigierende Handlungen

1. Kontrollieren Sie, wie oft Ihnen auffällt, daß Sie *sich selbst* herabsetzen, anstatt ein einzelnes Verhalten zu kritisieren

(»Ich bin blöd« anstatt »Da hab' ich was Blödes gemacht«)!
2. Versuchen Sie, sich dabei zu ertappen, wie Sie jemand anders herabsetzen, anstatt das Verhalten desjenigen/derjenigen zu kommentieren (»Er ist ein dummes Schwein« anstatt »Eben hat er ja 'n paar Schweinereien vom Stapel gelassen . . .«)!
3. Gewöhnen Sie sich an, es abzulehnen, ein Urteil über andere Menschen zu fällen. Wenn Sie vom ersten Eindruck her schließen, daß jemand arrogant, snobistisch usw. ist, dann bemühen Sie sich, sich mit dieser Person zu unterhalten und etwas über sie/ihn in Erfahrung zu bringen!
4. Immer wenn jemand ein Urteil über Sie fällt — zum Beispiel »Ich glaube, Du bist ein grundsätzlich feindselig gesonnener Mensch« — dann können Sie selbstsicher erklären, daß Sie, obwohl Sie von Zeit zu Zeit feindlich erscheinen mögen, auch sehr liebevoll sein können. Betonen Sie ganz besonders, daß jemand, um ein »grundsätzlich feindselig gesonnener Mensch« zu sein, sich auch meistens feindselig verhalten müßte!

Fehler Nr. 16:
Einige Menschen sind besser als andere

Eine junge Frau, die für eine Hamburger Werbeagentur arbeitete, neigte dazu, sich ganz und gar wertlos zu fühlen und völlig deprimiert zu sein, wenn sie all die attraktiven, strahlenden und wohlhabenden Leute sah, mit denen sie täglich in Berührung kam. Der Tatsache, daß sie lebhaft, freundlich und zuverlässig war, schenkte sie keine Beachtung, nahm jedoch an, daß das die meisten Menschen wären und daß diese Eigenschaften weniger wichtig wären.

Sie glaubte:

1. Menschen mit hoher Intelligenz, gutem Aussehen, Geld, sportlichem Talent, künstlerischen Fähigkeiten, Macht und Prestige sind bessere Menschen als diejenigen, die diese Eigenschaften nicht aufweisen.
2. Diese Eigenschaften machen einen glücklich.
3. Ohne diese Eigenschaften ist es sehr schwer, glücklich zu sein.
4. Die Leute respektieren in Wirklichkeit nur diejenigen, die diese äußerlichen Merkmale besitzen.

Glauben SIE irgend etwas davon?

Wie Sie sich ändern

A. Überdenken

1. Obwohl einige Leute überdurchschnittliche Fähigkeiten auf einem oder sogar mehreren Gebieten besitzen mögen, macht sie das noch lange nicht zu überdurchschnittlichen Menschen. Ebenso wie jeder Vorzüge hat, hat er auch Fehler, Grenzen und Unsicherheiten.
2. Es gibt keine besseren Menschen — auch Könige, Staatsoberhäupter, Kirchenfürsten, Direktoren großer Gesellschaften und Firmen, bekannte Schauspieler, Sportler, Ärzte, Rechtsanwälte oder Lehrer sind keine besseren Menschen.
3. Denken Sie daran, daß die meisten Menschen, die sich als die Verlierer des Lebens fühlen, die privaten Verzweiflungen und Leiden der sogenannten »besseren Menschen« nicht kennen!
4. Die Idee vom besser- und minderwertig sein ist gefährlich. Leute, die als bessere Menschen angesehen werden, werden oft arrogant, suchen oft Macht über andere und mißbrauchen ihre Macht.
5. Zu glauben, man sei ein besserer Mensch, wirkt sich genauso nachteilig aus, wie zu glauben, minderwertig zu sein. Leute, die glauben, sie seien bessere Menschen, finden es oft schwierig, wenn nicht gar unmöglich, von anderen zu lernen oder von ihren eigenen Fehlern zu profitieren.

B. Korrigierende Handlungen

1. Wenn Sie mit jemandem zusammen sind, dem gegenüber Sie sich minderwertig fühlen, dann sagen Sie zu sich selbst: »Dieser Mensch kann x, y und z besser als ich, aber das macht sie oder ihn noch lange nicht zu einem besseren Menschen.«

2. Halten Sie, anstatt in ein Konkurrenzdenken zu geraten, nach inneren Qualitäten des anderen Ausschau (wie zum Beispiel Herzlichkeit, Mitgefühl, Wärme oder Humor), die es Ihnen ermöglichen, diese Person zu mögen! Schreiben Sie, nachdem Sie mit einem »höheren« oder »besseren« Menschen zusammen gewesen sind, jede innere Qualität, die er/sie besitzen mag, in Ihr Notizbuch!

3. Vor allem schrecken Sie vor »Höheren« und »Besseren« nicht zurück, so als wäre Ihre Anwesenheit für die nur Zeitvergeudung! Wann immer es möglich ist, suchen Sie deren Gesellschaft und riskieren Sie es, Ihre Meinung zu vertreten und Ihre Ansichten offen auszusprechen! Notieren Sie sich, wie oft Sie in einer Woche solche Kontakte herstellen!

4. Machen Sie jedesmal, wenn Sie einen »Minderwertigkeits«-Gedanken haben, einen Vermerk in Ihr Notizbuch! Rechnen Sie die tägliche Summe aus und machen Sie weiter mit dieser Buchführung! (Sie werden feststellen, daß eine Buchführung negativer Ereignisse Ihnen helfen wird, Kontrolle über sie zu bekommen.)

Fehler Nr. 17:
Der »Entweder-oder«-Fehler

Ein Politiker, der der Doktrin seiner Partei blind ergeben war, wurde den Motiven und der Loyalität anderer gegenüber immer mißtrauischer. Seine Philosophie war immer gewesen: »Wer nicht für mich ist, ist gegen mich!« Er fing an, harmlose Fragen als feindselige Angriffe anzusehen und wurde depressiv, als er bemerkte, daß er viele zukünftige Parteimitglieder und -förderer verloren hatte.

Er glaubte:

1. Im großen und ganzen kann man die Welt in freundliche und unfreundliche Menschen aufteilen, in ehrliche und unehrliche, anständige und unanständige usw.
2. Das meiste ist entweder schwarz oder weiß, das heißt gut oder schlecht, richtig oder falsch, wertvoll oder wertlos und ähnliches mehr.
3. Was dich selbst betrifft, bist du entweder erfolgreich oder ein Versager, beliebt oder unbeliebt, clever oder unfähig, attraktiv oder unattraktiv.

Glauben SIE irgend etwas davon?

Wie Sie sich ändern

A. Überdenken

1. Auf dem Gebiet zwischenmenschlicher Beziehungen ist tatsächlich alles über alle Bereiche gleichermaßen verteilt.
2. Versuchen Sie, sich klarzumachen, daß fast jeder Gegensatz — ehrlich-unehrlich, introvertiert-extravertiert, normal-unnormal, sensibel-unsensibel — von vornherein falsch ist, da die überwiegende Mehrheit aller Menschen irgendwo dazwischen liegt!
3. Weil kein Persönlichkeitszug in Reinkultur existiert, ist jeder eine Mixtur vieler verschiedener Eigenschaften und vieler Abstufungen innerhalb jedes Bereichs.

B. Korrigierende Handlungen

1. Kommen Sie dahin, sich Ihres eigenen Gegensatzdenkens glasklar bewußt zu werden! Immer wenn Sie sich dabei ertappen, willkürliche »gut-schlecht«- oder »richtig-falsch«-Feststellungen zu treffen, machen Sie sich ein Zeichen ins Notizbuch.
2. Andere auf Ihr Gegensatzdenken aufmerksam zu machen, ist für Ihre eigene Verhaltensänderung wie für Ihre Selbstsicherheit von Nutzen.

Fehler Nr. 18:
Hohe Leistungsfähigkeit ist wichtig, um ein erfülltes Leben zu führen

Ein junger Mann kam mit der Bitte um Hilfe zu uns, weil er in bezug auf sein Liebesleben äußerst entmutigt war. Nach vielen vergeblichen Versuchen, zu einer Erektion zu kommen, hatte er sich völlig von sexuellen Kontakten zurückgezogen. In seinem Umgang mit Menschen war er immer bemüht, sie zu beeindrucken.

Er glaubte:

1. Dein Wert wird daran gemessen, was du leistest, was du darstellst.
2. Wenig zu leisten oder darzustellen bringt andere dazu, wenig von dir zu halten, und die Meinung anderer Leute ist sehr wichtig.
3. Die Menschen mögen und respektieren dich, wenn du ein Superstar bist.
4. Je mehr du dich anstrengst, etwas zu leisten oder darzustellen, desto besser wird es dir gelingen.

Glauben SIE irgend etwas davon?

Wie Sie sich ändern

A. Überdenken

1. Wenn Sie sich darauf konzentrieren, Spaß zu haben, anstatt sich um den Eindruck zu sorgen, den Sie hinterlassen, wird sich vieles für Sie besser entwickeln und auswirken.
2. In vielen Fällen, wenn Sie sich anstrengen, gut dazustehen, werden Sie lediglich erreichen, eine Angst zu produzieren, die Sie handlungsunfähig macht.
3. Lernen Sie, die Tatsache zu akzeptieren, daß es, außer der Meinung von einigen entscheidenden anderen, ziemlich unwichtig ist, was die Leute über Ihre Leistungen und den Eindruck, den Sie machen, sagen.
4. Menschen, die es sich zur Gewohnheit gemacht haben, andere schlecht zu machen, sind es nicht wert, daß Sie sich von ihnen beunruhigen lassen.

B. Korrigierende Handlungen

1. Schreiben Sie sich täglich auf, wie oft Sie Ihre Selbstachtung aufs Spiel setzen, indem Sie sich Gedanken darüber machen, wie Sie's »bringen«, wie oder wie Sie nicht mit einer Norm oder einem Standort in Einklang leben können und was andere davon halten werden, wenn Sie dies oder jenes tun oder lassen!
2. Wenn Sie bemerken, daß Sie Ihre eigenen Vorhaben zunichte machen, indem Sie sich so ungemein anstrengen, viel zu leisten und darzustellen, so daß Sie dadurch schließlich nur hochgradige Angst hervorrufen, dann verlassen Sie die »Beobachterrolle« und konzentrieren Sie sich mehr auf das, was Sie tun, als darauf, wie gut Sie es tun! Viele Menschen mit sexuellen Schwierigkeiten entdecken, daß sie viel mehr davon haben,

wenn sie sich darauf konzentrieren, einfach *körperliche* Freuden zu geben und zu empfangen, anstatt sich dauernd selbst zu fragen »Wie gut bring' ich's?« oder »Wie findet er/sie mich?«

3. Wenn Sie irgend etwas tun möchten, es aber aus »Versagensangst« (der Furcht vor Mißerfolg oder der Befürchtung, abgelehnt zu werden) unterlassen, dann wählen Sie sich ein ähnliches Problem aus, das Sie ziemlich leicht finden, und arbeiten Sie sich nach und nach auf das Ziel hin, vor dem Sie sich fürchten!

Im Fall eines verheirateten Mannes zum Beispiel, der seine Frau wegen »reiner sexueller Handlungen« mied, bestand die erste »Aufgabe« darin, daß der Mann seine Frau umarmen, streicheln und küssen sollte, während er weiterhin jeglichen sexuellen Kontakt zu vermeiden hatte. Danach erwies sich der folgende Plan als erfolgreich: (a) Der Mann und die Frau umarmten, küßten und streichelten immer ausgedehnter den Körper des Partners, die Genitalien ausgenommen; (b) nachdem Schritt (a) innerhalb einer Woche bei zwei oder drei verschiedenen passenden Gelegenheiten erfolgreich abgeschlossen worden war, wechselten sie sich, sich immer noch vor dem Geschlechtsverkehr zurückhaltend, darin ab, einander zu umarmen, zu streicheln, zu küssen und anzufassen, *einige genitale Berührungen eingeschlossen;* (c) nachdem Schritt (b) bei einigen gesonderten passenden Gelegenheiten durchgeführt worden war, wurde — für den Fall, daß beide Partner erregt waren — das Verbot, miteinander zu schlafen, aufgehoben.

Natürlich werden die Einzelheiten von Fall zu Fall unterschiedlich sein, aber das generelle Prinzip bleibt dasselbe. Darüber hinaus ist es wichtig zu bemerken, daß es sich hierbei nicht nur um eine mechanische Übung handelt, und daß die Partner dazu aufgefordert sind, sich während jedes Schrittes des Programms ihre sich entwickelnden Gefühle einander mitzuteilen und gemeinsam zu erleben.

Fehler Nr. 19:
Teil 1: Das meiste von dem, was Du hörst, kannst Du glauben!
Teil 2: Du mußt Deine abwegigen Gedanken sehr ernst nehmen!

Ein siebenundvierzigjähriger Mann war ganz von Angst beherrscht, nachdem er zu einem Astrologen gegangen war, der ihm prophezeit hatte, daß er innerhalb eines Jahres sterben würde.

Eine junge Frau hatte Angst. Sie neigte dazu, sich leicht von sich und anderen entfernt zu fühlen, aber ansonsten war alles mit ihr in Ordnung und es ging ihr ganz gut — bis sie einen Therapeuten aufsuchte, der ihr erzählte, daß sie schizophren sei. Sie geriet in echte Panik, dachte an Selbstmord und kam in eine Klinik.

Ein junger heterosexueller Mann war eingeladen worden, an einer homosexuellen Gesellschaft teilzunehmen. Er fing an, neugierig zu werden und sich vorzustellen, wie es wohl werden würde. In der Nacht träumte er von homosexuellen Erfahrungen. Er folgerte daraus, das würde bedeuten, daß er im Grunde homosexuell sei und kam in einem sehr niedergeschlagenen Zustand zur Therapie.

Sie glaubten:

1. Die Ansichten anderer Leute sind wichtiger als deine eigenen.
2. Autoritäten — wie politische Führungspersönlichkeiten, Leiter großer Unternehmen, Lehrer, Ärzte, Eltern, Therapeuten — wissen notwendigerweise, worüber sie reden.

»Sie sind der Arzt, Sie müssen es wissen« oder »Wer bin ich schon, daß ich mich mit einem Experten auseinandersetzen könnte«. »Wenn ein Genie wie Freud etwas glaubte, wie kannst du das dann in Frage stellen!«

3. Jemand, der eine Meinung überzeugt vertritt, hat höchstwahrscheinlich auch recht.
4. Was andere Leute über dich denken oder sagen, ist sehr wichtig. Wenn dich jemand kritisiert, ist das Grund genug, dich aus der Fassung bringen zu lassen. Andererseits solltest du dich glücklich fühlen, wenn jemand dich lobt.
5. Wenn du einen abwegigen Gedanken hast, bedeutet das, daß du verrückt bist.

Glauben SIE irgend etwas davon?

Wie Sie sich ändern

A. Überdenken

1. Andere Menschen (die größten Autoritäten der Welt eingeschlossen) können recht haben, **aber sie können sich auch irren.**
2. Niemand kann dich mit Worten verletzen. Niemand hat die Macht, dich aufzuregen. Du bist der einzige, der das macht, indem **du dich dafür entscheidest**, auf das, was die Leute sagen, zu reagieren.

Denken Sie über das folgende Beispiel nach: Wenn jemand zu Ihnen sagen würde: »Deine Mutter ist 'ne Nutte und Dein Alter 'n Strichjunge«, wie würden Sie reagieren? Wenn Sie wütend würden, aus der Fassung gerieten, heftig oder gar gewalttätig würden, nähmen Sie andere Leute zu ernst und *gäben* ihnen damit eine ganze Menge Macht über sich.

3. Wenn irgend etwas nicht mit Ihrer eigenen Erfahrung über-

einstimmt, dann haben Sie das Recht, es in Frage zu stellen und etwas dagegen einzuwenden, gleichgültig, wer es gesagt hat. Jede Behauptung wird am besten im Licht von Tatsachen überprüft.

4. Gedanken sind eben nur Gedanken und Träume sind eben nur Träume. Und überdies besteht zwischen Gedanken und Handlungen ein gewaltiger Unterschied.

Sogar wir in unserem hochentwickelten, hochzivilisierten Kulturkreis sind immer noch mit Mythen und Aberglauben durchsetzt, die unseren freien Ausdruck hemmen und unsere Entwicklung und unser Glück zunichte machen.

B. Korrigierende Handlungen

1. Ertappen Sie sich jedesmal dabei, wenn Sie jemand anderem *erlauben*, Sie aufzuregen! Schreiben Sie es in Ihr Notizbuch!

2. Notieren Sie jeden Fall, wo Sie akzeptieren, daß jemand Sie herabsetzt (»Du bist blöd, häßlich, gestört, zu blöd für die Uni«), in Ihrem Büchlein! **Das bedeutet nicht, daß Sie nicht hinhören würden, wenn jemand Ihnen einen brauchbaren Ratschlag geben oder wertvolle Kritik an Ihnen üben würde. Es ist sehr nützlich und notwendig, die Meinungen anderer Menschen zu erfahren, aber Sie sind derjenige/diejenige, der /die entscheidet, ob sie nützlich sind, anstatt einfach zu sagen »Die müssen es wissen, die müssen ja recht haben!«**

3. Immer wenn jemand anderes fest eine Meinung vertritt, dann sagen Sie zu sich selbst: »Weiß derjenige/diejenige, worüber er/sie redet? Ist das, was er/sie sagt, wirklich sinnvoll? Hat er/sie irgendeinen Beweis, oder ist es nur eine Ansicht?« Fragen Sie sich das, **gleichgültig, wer die andere Person ist!!**

4. Wenn Sie sich von einem Gedanken, einem Gefühl oder einem Traum aus dem Gleichgewicht bringen lassen, dann sa-

gen Sie zu sich selbst: »Es ist nur ein Gedanke (Gefühl oder Traum)«! Oder: »Was für ein komischer (alberner, verrückter) Gedanke!« Verrückte Gedanken zu denken, gehört zum Leben. Wenn Sie bemerken, daß Sie Ihre seltsamen Gedanken ernst nehmen, schreiben Sie einige der seltsamsten Vorstellungen in Ihr Notizbuch (z. B. »daß ich meinen Vater erpresse«, »wie ich Tante Mathilde umbringe«, »wie ich in aller Öffentlichkeit zu kreischen anfange«, »daß ich Blut trinke«, »daß ich die Genitalien eines zweijährigen Kindes befummle« usw.)! Üben Sie es dann zu sagen: »Na und?! Es ist ja nur ein Gedanke! Der Gedanke ist nicht die Tat!«

Fehler Nr. 20:
Therapie kann Dir nicht schaden!

Eine junge Frau suchte die Therapie auf, weil sie beim Geschlechtsverkehr nicht zum Orgasmus kommen konnte. Durch Reizung mit der Hand konnte sie zum Höhepunkt kommen, aber beide, sie und ihr Mann, betrachteten das als unnormal. Sie zogen einen Therapeuten zu Rate, der mit ihrer Ansicht übereinstimmte und eine intensive Behandlung für die junge Frau anordnete. Ein Jahr lang kam sie mehrmals wöchentlich zum Therapeuten. Er erforschte ihre Kindheit und interpretierte ihre Träume. Sie wurde mehr und mehr davon überzeugt, daß sie unzulänglich und sexuell unterentwickelt sei. Sie entwickelte eine tiefe Depression, während der sie den Therapeuten wechselte. Ihr neuer Therapeut betonte nachdrücklich, daß an ihren sexuellen Erfahrungen nichts Unnormales oder Unterentwickeltes sei. Sie und ihr Mann kamen dann gemeinsam zu mehreren Umlern-Sitzungen. Zuerst wehrten sie sich gegen die Vorstellung, daß Frauen, die es brauchen, mit der Hand gereizt zu werden, weder sexuell noch emotionell unreif sind. Trotzdem fingen sie an, informative Bücher und Artikel zu dem Thema zu lesen und entwickelten schließlich eine aufgeklärte und befriedigende sexuelle Beziehung.

In diesem Abschnitt möchten wir mit Nachdruck darauf hinweisen, daß Untersuchungen eindeutig ergeben haben, daß einige Leute durch die für sie falsche Art von Therapie und die für sie falschen Therapeuten zu Schaden kamen (und daß vielen nicht geholfen wurde). Die Fachliteratur spricht von »Therapeuten-verursachter Verschlimmerung«.
Da viele Menschen die Unterstützung eines dazu ausgebildeten Fachmannes suchen, der sie beim Lösen und Beheben ihrer

Probleme unterstützen soll, glauben wir, es wäre nützlich, unsere Gedanken darüber mitzuteilen, was man wissen muß, wenn man sich nach einem Therapeuten oder einer Therapeutin auf die Suche macht. Die meisten von ihnen haben keine solide Grundlage, von der aus sie wählen könnten. Jemand wird von einem Freund, Nachbarn, Arzt oder Kollegen empfohlen. Die meisten Therapeuten sind in einer ganz speziellen Art von Therapie ausgebildet und praktizieren sie auch, und gewöhnlich lernen Sie das, was derjenige weiß, und erfahren die Konsequenzen dessen, was er/sie kann — was jedoch nicht unbedingt das zu sein braucht, was für Sie am besten wäre.

Trotzdem gibt es jedoch eine Reihe von Eigenschaften des Therapeuten und Formen des wechselseitigen Geschehens zwischen Klient(in) und Therapeut(in), die mit einem erfolgreichen Ausgang der Therapie zusammenzuhängen scheinen. Ganz allgemein gesagt: Es wird deutlich werden, daß der/die zu empfehlende Therapeut(in) jemand ist, der/die mit den Menschen, die ihn/sie aufsuchen, nicht die zerstörerischen neurotischen Fehler macht. Damit Sie jedoch von der Leistung eines kompetenten Therapeuten bzw. einer kompetenten Therapeutin nutzbringenden Gebrauch machen können, wird es für Sie von Bedeutung sein, einige der Fehler zu vermeiden; zum Beispiel den: »Sie/er ist darin ausgebildet und macht das von Berufs wegen, dann muß sie/er auch recht haben und das, was sie/er macht, muß so in Ordnung sein!«

Wir haben eine Liste von 17 Fragen aufgestellt, die Ihnen dabei helfen soll, sich einen Therapeuten bzw. eine Therapeutin auszuwählen, der bzw. die richtig für Sie ist, oder zu entscheiden, ob Sie weiterhin zu Ihrem jetzigen Therapeuten bzw. Ihrer jetzigen Therapeutin gehen wollen.

Die Antworten werden folgendermaßen von *0* bis *4* bewertet: *0: nie* oder *kein bißchen; 1: ein wenig* oder *selten; 2: manchmal bis öfters* oder *mäßig; 3. größtenteils* oder *meistens; 4: das ist kennzeichnend* oder *andauernd.*

Streichen Sie die Ziffern an, die am besten Ihre Gefühle und Beobachtungen wiedergeben und rechnen Sie dann die Summe aus! Bevor Sie die Fragen lesen, denken Sie daran, daß es wichtig ist, jemanden aufzusuchen, der/die in einer universitären oder staatlich anerkannten Ausbildungsstelle oder Institution für Psychologie, Psychiatrie, Sozialarbeit oder Beratung ausgebildet wurde. Wenn Sie irgendwelche Zweifel an der Qualifikation des/der Therapeuten(in) haben, können Sie sich bei den Behörden oder öffentlich-rechtlichen Organisationen erkundigen, die für die Lizenzen dieser Leute zuständig sind.

Fragebogen zur Therapeutenwahl

1. Ich fühle mich mit dem Therapeuten/der Therapeutin (T) im Einklang.	0	1	2	3	4
2. T scheint mit mir übereinzustimmen.	0	1	2	3	4
3. T ist eher locker und informell als steif und formal.	0	1	2	3	4
4. T behandelt mich nicht, als wäre ich krank, irgendwie mangelhaft und kurz vorm Zusammenbruch.	0	1	2	3	4
5. T ist eher beweglich und offen für neue Ideen als einseitig einem Standpunkt verhaftet.	0	1	2	3	4
6. T hat Sinn für Humor und ein angenehmes Wesen.	0	1	2	3	4
7. T ist bereit, mir zu sagen, wie er/sie über mich denkt und was für ein Gefühl er/sie in bezug auf mich hat.	0	1	2	3	4
8. T gesteht seine/ihre Grenzen ein und gibt nicht vor, Dinge zu wissen, die er/sie nicht weiß.	0	1	2	3	4
9. T ist immer dazu bereit zuzugeben, daß er/sie im Unrecht war und	0	1	2	3	4

entschuldigt sich für Fehler, die er/sie gemacht hat oder dafür, daß er/sie unbesonnen gehandelt hat, anstatt solcherart Verhalten zu rechtfertigen.

10. Eher beantwortet T direkte Fragen, als daß er/sie mich einfach zurückfragt, was ich denn dazu meine.	0	1	2	3	4
11. T erzählt auch, entweder von sich aus oder als Antwort auf meine Fragen, etwas über sich selbst (aber nicht angeberisch, pausenlos und unnützes Zeug).	0	1	2	3	4
12. T ermutigt mich in dem Gefühl, daß ich genauso viel wert bin wie er/sie.	0	1	2	3	4
13. T verhält sich eher so, als wäre er/sie mein Berater/meine Beraterin.	0	1	2	3	4
14. Eher fördert T Meinungsunterschiede, als daß er/sie mir sagt, es sei ein Widerstand in mir, wenn ich nicht mit ihm/ihr übereinstimme.	0	1	2	3	4
15. T ist daran interessiert (oder zumindest dazu bereit), mit Menschen in Kontakt zu kommen, die eine wesentliche Rolle in meinem Leben spielen: meine nächsten Angehörigen, Freunde, Geliebte(n), Arbeitskollegen bzw. Kolleginnen oder irgendwelche anderen für mich wichtigen Menschen aus meiner Umgebung.	0	1	2	3	4

16. Was T sagt, erscheint mir sinnvoll.	0	1	2	3	4
17. Die Vereinbarungen, die ich mit dem Therapeuten/der Therapeutin treffe, führen im allgemeinen dazu, daß ich mich hoffnungsvoller fühle und daß meine Selbstachtung wächst.	0	1	2	3	4

Wie das Ergebnis zu interpretieren ist

Wir würden uns nicht wohl dabei fühlen, mit einem Therapeuten/einer Therapeutin zusammenzuarbeiten, den/die wir mit weniger als 50 Punkten bewertet hätten.
Mit Sicherheit würden wir nachdrücklich dazu raten, nicht mit jemandem zusammenzuarbeiten, bei dem/der die Punktzahl unter 40 liegt.
Zögern Sie nicht, unverbindlich mehrere Therapeuten/Therapeutinnen aufzusuchen, bevor Sie sich für einen/eine entscheiden. Und außerdem: Entscheidungen sind nicht unwiderruflich. Sie brauchen nicht das Gefühl zu haben, bei einem Therapeuten/einer Therapeutin bleiben zu müssen, nur weil Sie mit ihm/ihr begonnen haben oder schon monate- oder jahrelang bei ihm/ihr sind! Was auf dem Spiele steht, ist Ihre Zeit, ihr Geld, Ihr Wohlergehen.
Wenn Sie es schon mit mehreren Therapeuten/Therapeutinnen verschiedener Stile und unterschiedlicher Persönlichkeit probiert haben, und keiner/keine scheint Ihnen befriedigend zu sein, dann ist es vielleicht besser, lieber mit dem/der von ihnen zusammenzuarbeiten, der/die die höchste Punktzahl erreicht hat, als einer Idealvorstellung nachzujagen.

Fünf kurze Geschichten, die Sie hilfreich finden könnten

Wir haben fünf kurze Geschichten aufgeschrieben, um das, was zuvor betont worden ist, zu verdeutlichen. Diese Fälle sollen auch den Zusammenhang von Selbsthilfe und professioneller Therapie verdeutlichen. Wir haben Fälle ausgewählt, in denen Menschen sehr schnell und dramatisch auf unsere Interventionen reagierten. Damit ist nicht beabsichtigt, den Eindruck zu erwecken, daß jeder seine emotionalen Probleme so schnell überwinden kann. Es liegt auf der Hand, daß der Aufwand an Zeit und Anstrengung von Person zu Person unterschiedlich ist. Wie dem auch sei: Um zu einer optimistischen Einschätzung Ihrer eigenen, für einen Wandel notwendigen Leistungsfähigkeit zu kommen, könnte es nützlich sein, sich zu vergegenwärtigen, wie verschiedene Leute kleine Veränderungen in ihrem Denken und Verhalten als dazu ausreichend entdeckten, bedeutende innere und zwischenmenschliche Veränderungen zu bewirken.

Fall Nr. 1: Depression

Eine sechzigjährige Frau beklagte sich darüber, daß sie sich seit dem plötzlichen Tod ihres Mannes vor 18 Monaten immer häufiger bedrückt und niedergeschlagen fühlte. »Ich habe

nichts mehr, worauf ich mich freuen kann«, erklärte sie, »und oft wünsche ich mir, auch tot zu sein.«
Ihr Appetit war in Ordnung, sie schlief gut, aber morgens um 7.00 Uhr wachte sie auf, fühlte sich müde und bedrückt. Im Laufe des Tages wurde sie immer abgespannter und niedergeschlagener, oft bis zur völligen Erschöpfung.
Zuerst ging sie zu ihrem Internisten, der sie untersuchte und Blutbilder machen ließ. »Als die Blutuntersuchungen zurückkamen, sagte er, ich sei gesund und schlug mir vor, einen Psychiater aufzusuchen.«
Sie ging zu einem Psychiater, der ihr ein antidepressiv wirkendes Mittel (Elavit) gab und sie einmal die Woche zu unterstützender Therapie empfing. Sie fühlte sich weiterhin depressiv und brach die Behandlung ab.
Auf den Rat ihres Neffen, eines Studenten, der mit unserer Arbeit vertraut war, kam sie dann zu uns.
Schon während des ersten Gespräches wurde es offensichtlich, daß diese Frau so wenigen lebenswerten Aktivitäten nachging, daß jeder, der ihr Leben führen würde, zwangsläufig depressiv werden würde. Wir machten ihr klar, daß sie sich, würde sie nicht Tag für Tag von sich aus mehrere Beschäftigungen finden, die ihr Spaß machten, wahrscheinlich weiterhin schlecht und niedergeschlagen fühlen würde. Dem hielt sie die abwehrende Überlegung entgegen, daß es nur wenige angenehme Aktivitäten gäbe, die eine alte Frau selbständig ausführen könne.
Eine kurze Nachfrage förderte zutage, daß sie gern Bridge spielte, Kirchenbasare organisierte, Kreuzworträtsel löste, mit Tieren zusammen war, einkochte, in den Zoo ging, im Garten arbeitete und Museen besuchte. In den vergangenen achtzehn Monaten war sie fast keiner der genannten Beschäftigungen nachgegangen.
Wir rieten ihr, die Initiative zu ergreifen und Freunde und Bekannte anzurufen, mit denen sie Bridge spielen, Museen be-

suchen könnte usw. — mit dem Ziel, *etwas* zu *tun*, auch wenn sie sich müde und unlustig fühlen sollte. »Rufen Sie einen Tierarzt an und bieten Sie Ihre Dienste an, ohne etwas dafür zu verlangen! Fragen Sie 'rum und sehen Sie, ob jemand gern etwas von Ihnen eingemacht hätte ... Kommen Sie in zwei Wochen wieder und erzählen Sie mir, was Sie alles gemacht haben!«

Beim nächsten Gespräch sagte sie, daß sie drei Dinge getan hätte, die neu für sie wären: »Zum erstenmal in meinem Leben bin ich angeln gegangen! Und dann war ich auch zum erstenmal in der Sauna, und zu einem Vortrag darüber, wie man Zimmerpflanzen pflegt, bin ich gegangen.«

»Und wie haben Sie sich gefühlt?«

»Ich würde nicht sagen, daß das alles schwierig und eine so große Anstrengung gewesen wäre.«

»Prima, würden Sie dann so nett sein und ganz konkrete Aufzeichnungen von alldem machen, was Sie während der nächsten zwei Wochen tun werden und sie mich dann lesen lassen? Und wollen Sie sich ganz besonders bemühen, so viel wie möglich zu tun — auch dann, wenn Sie sich dazu nicht aufgelegt fühlen?«

Zwei Wochen später bewies ihr Notizbuch, daß sie ihre Aufgabe recht gut bewältigt hatte. Im Durchschnitt hatte sie über den Zeitraum von vierzehn Tagen täglich drei Aktivitäten aufzuweisen. Sie berichtete, ziemlich wenig bedrückt zu sein.

Weitere Gespräche zeigten, daß ihre grundlegenden Fehler die folgenden waren: Nr. 4: Du bist ein Opfer der Verhältnisse (»Ich bin bedrückt, weil mein Mann gestorben ist.« »Das Leben ist sinnlos geworden.«); Fehler Nr. 8: Sieh zu, daß du es anderen Leuten recht machst und daß sie dich mögen und anerkennen (»Wenn ich zu fröhlich bin, dann sagen die Leute, ich hätte meinen Mann nicht richtig geliebt und sie halten weniger von mir.«); Fehler Nr. 10: Du mußt dein Glück verdienen (»Was hab' ich denn je geleistet, um einen Anspruch auf

Glück zu haben?!«). Des weiteren neigte sie dazu, sich vorzuwerfen, sie hätte sich nicht genug um ihren Mann gekümmert. Die für diese Fehler entsprechenden Übungen im Überdenken und korrigierenden Handeln wurden in ihre Therapie aufgenommen.

Auf der nächsten Sitzung berichtete sie von einem Durchbruch: »Letzten Dienstag dachte ich, ich könnte versuchen, mich mit Fotografie zu beschäftigen, denn in der Nähe meiner Wohnung fand eine Veranstaltung darüber statt. Ich ging zu der Veranstaltung, langweilte mich sehr, traf aber einen alten Freund, der vorschlug, daß wir als Zuschauer ins Gericht gehen sollten. Ein Mann hatte sich wegen Raubes zu verantworten. Ich hab' ziemlich fasziniert dagesessen und bin jeden Tag wieder hingegangen. Nächste Woche verhandeln sie über eine Frau, die bei einer Versicherungsgesellschaft Geld veruntreut hat ... Und dann hab' ich noch eingewilligt, für unser Krankenhaus einen Basar zu organisieren.«

Einen Monat darauf berichtete sie, daß sie auch für eine politische Veranstaltung aktiv geworden sei, eine Teilzeitbeschäftigung als Zahnarzthelferin gefunden hätte, eine Stickerei angenommen hätte, sich auf einen Besuch von ihrer Tochter und den Enkelkindern freute und daß sie im Begriff war, sich auf einen Lehrgang im Restaurieren von Antiquitäten einzulassen.

Sie fühlte sich nicht mehr depressiv, und wenn sie müde war, hatte sie guten Grund dazu. Sechs Monate später rief sie an um zu sagen, daß es ihr bestens gehe.

Fall Nr. 2: Angstanfälle

Eine dreiundvierzigjährige Frau, deren Mann sich gerade von ihr getrennt hatte, kam zur Therapie, weil sie auffällig ängstlich war, oft Anfälle von panischer Angst hatte, schlecht schlafen und sich kaum konzentrieren konnte. Ihr Mann, der sich schon einen Rechtsanwalt genommen hatte, war aus ihrer gemeinsamen Wohnung ausgezogen. Sie hatten zwei Kinder, einen achtzehnjährigen Jungen und ein sechzehnjähriges Mädchen. Der Mann hatte den Inhalt ihres Bankschließfaches an sich genommen und alle ihre Rechte bezüglich der Bankgeschäfte aufheben lassen. Er war der Ernährer der Familie gewesen und sie hatte den Hauptteil der Haushaltungspflichten übernommen gehabt. Sie fühlte sich von der Zurückweisung durch ihren Mann zutiefst getroffen, war völlig erledigt und sehnte sich nach Versöhnung.

Es war fast sofort klar, daß sie nicht so sehr wegen dem, was ihr Mann ihr angetan hatte, in Schwierigkeiten war, sondern weil sie verschiedene grundlegende Fehler beging, am auffälligsten: »Du bist ein Opfer der Verhältnisse« (Fehler Nr. 4) und »Akzeptiere die Meinung, die andere Menschen von dir haben« (in Verbindung mit Fehler 19, Teil 1). Bezeichnenderweise war sie viel weniger durchsetzungsfähig, als sie hätte sein müssen — nicht nur ihrem Mann, sondern auch ihren Freunden, ihrem Bruder und ihrer Schwester, ihren Eltern und tatsächlich jedem gegenüber, mit dem sie in Berührung kam. Sie konnte und wollte die Vorstellung nicht akzeptieren, daß sie etwas wert sei und daß sie ein Recht darauf habe, in ihrem eigenen Interesse zu handeln und glücklich zu sein. Es widerstrebte ihr sehr, ihrem Mann entgegenzutreten und sich ihm zu widersetzen. Das folgende Gespräch fand während ihrer zweiten Sitzung statt:

Therapeut: Was haben Sie in bezug auf Kontakte mit einem Rechtsanwalt unternommen?

Klientin: Bis jetzt noch nichts.

T: Was haben Sie vor?

K: Also, ich weiß überhaupt nicht, was ich machen soll.

T: Und was wollen Sie unternehmen, um das rauszubekommen?

K: Ich weiß nicht. Wie soll ich das rauskriegen?

T: Stellen Sie sich vor, Ihre Kinder wären entführt worden und Sie würden sie nicht lebend wiedersehen, wenn Sie nicht bis morgen einen guten Scheidungsanwalt hätten. Was würden Sie tun?

K: Vermutlich würde ich meine Freundin Gisela anrufen, die gerade eine Scheidung hinter sich gebracht hat und einen recht guten Anwalt gehabt zu haben scheint.

T: Wann rufen Sie sie an?

K: Ich denke, so Anfang der Woche.

T: »Ich denke« und »so«, das heißt noch überhaupt nichts. Wie sieht Ihr Plan aus?

K: Ich werde versuchen, heute nachmittag anzurufen.

T: Zu versuchen bedeutet auch nicht mehr. *Handeln*, das zählt!

K: Heute nachmittag, sobald ich zu Hause bin.

Durch das, was ihr Mann getan hatte, war sie nicht so sehr verstört wie durch ihre Interpretation seiner Handlungen. Anstatt zu sich selbst zu sagen »Zu schade, daß er das getan hat; es wäre mir lieber gewesen, er hätte alles mit mir durchgesprochen und durchgestanden, aber er hat ein Recht darauf, zu tun, was für ihn das beste ist; er ist ein freier Mensch« usw., empfand sie: »Er hat mir etwas Schreckliches angetan. Er hat mich verletzt. Er hat mich völlig verstört. Was er getan hat, war unmoralisch. Ich bin allein. Es wird mir nicht gelingen, jemand anders zu finden. Ich bin überhaupt nichts wert. Wer könnte mich denn schon wollen? Ich glaub', ich war nicht gut genug für ihn. Ich fühle mich schuldig, seinen Erwartungen nicht entsprochen zu haben.« Diese letzteren Vorstellungen und Ansichten wurden vom Therapeuten systematisch in Frage gestellt. Gewiß waren die Ereignisse unangenehm und

mußten zum Zusammenbruch führen, in Wirklichkeit konnte sie aber ohne ihren Mann leben und anderswo Glück finden.
Ihr Mann drohte ihr damit, sie ohne einen Pfennig sitzen zu lassen und auf den Unterhalt der Kinder zu verklagen. Beim Therapeuten wurde sie aufgefordert, eine Reihe von Sätzen zu üben und anzuwenden, zum Beispiel »Droh mir nicht! Ich habe einen Anwalt und die beiden Anwälte können das diskutieren. Schrei mich bitte nicht so an! Die Kinder haben ein gesetzliches Recht auf Unterhalt. Ich hab' auch gearbeitet (hier im Haus) — zwanzig Jahre lang!« Und sie übte auch ein, wie sie ihn auf die Versöhnung ansprechen könnte.
Als sie zur nächsten Sitzung kam, war sie schon bei einem Rechtsanwalt gewesen und fühlte sich ein bißchen besser. Sie hatte nicht mehr ein Gefühl, als wenn alles sie erdrückte, und sie fing an, Schritte zu unternehmen, ihr Leben in die Hand zu bekommen. Ganz begeistert erzählte sie, wie selbstsicher und durchsetzungsfähig sie sich mehreren Leuten gegenüber verhalten hätte. Sie war auf dem besten Weg, ihr Leben selbst zu gestalten, anstatt sich wie ein Opfer zu fühlen. Bis zur dritten Sitzung hatten ihre Angstanfälle völlig aufgehört.

Fall Nr. 3: Eheprobleme

Gert und Sibille überlegten, ob sie sich scheiden lassen sollten. Fünf Jahre Ehe hatten ihnen verschiedene Freuden und einige schöne Augenblicke bereitet, aber das vergangene Jahr war eher schlecht als recht gewesen. Wie Gert sich ausdrückte, waren ihre Probleme auf »einen Mangel an Kommunikation« hinausgelaufen. Auch beklagte er, daß ihr Liebesleben »alltäglich« geworden sei.
Wir wiesen darauf hin, daß allgemeine Aussagen wie »mangelhafte Kommunikation« in Bezeichnungen für konkretes

Verhalten übersetzt werden müßten, um Veränderungen zu ermöglichen. Als wir mit den Eheleuten ihre Umstände besprachen, wurde ein deutliches Kommunikationsproblem offensichtlich: Sibille gebrauchte sehr oft Absolutheitsausdrücke wie »immer« und »nie«. *Das ist ein schwerwiegender Fehler!* Sie sagte zum Beispiel: »*Immer* meckerst Du über das Essen.« »*Nie* sagst Du, daß Dir was leid tut.« Gert brachte dann stets Beispiele, wann und wo er Sibilles Essen gelobt oder im Haus geholfen hatte, pünktlich zu einer Verabredung gekommen war oder sein Bedauern ausgedrückt hatte. Auf diese Weise kamen sie dann vom Thema ab, stritten sich ununterbrochen über völlig überflüssige Kleinigkeiten und litten so unter einem »Mangel an Kommunikation«.

Das erste therapeutische Ziel war, Sibilles Gebrauch von Absolutheiten aus der Welt zu schaffen.

Gleichzeitig wurde jedoch deutlich, daß Gert häufig Versprechen nicht einhielt, die er vorher gegeben hatte. Gert hatte die Angewohnheit, seine Versprechen und guten Vorsätze zu »vergessen«. Auch diese Angewohnheit führte zu unerfreulichen Streitereien. Infolgedessen müßten bedeutende und aufbauende Veränderungen möglich werden, wenn wir Sibille einüben könnten, keine Absolutheitsausdrücke mehr zu gebrauchen, und wenn wir Gert beibringen könnten, Wort zu halten.

Sibille wurde gebeten, sich jedesmal eine Notiz zu machen, wenn sie sich dabei ertappte, wie sie »immer« oder »nie« sagte und es in »gewöhnlich« oder »oft« oder »selten« umzuwandeln. Darüber hinaus würde es Gert dazu berechtigen, am Sonntag das Frühstück ans Bett zu bekommen, wenn er sie mehr als zweimal die Woche dabei erwischte, wie sie »immer« oder »nie« sagte.

Gert bekam den Auftrag, sich jedes einzelne Versprechen, das er gab, aufzuschreiben. »Ich komm' vor sechs nach Hause.« »Ich helf' Dir morgen abend bei der Wäsche.« »Ich fahr' Deine

Mutter zum Bahnhof.« Wenn Gert irgendeins von diesen Versprechen nicht einhielt, würde Sibille am Sonntag das Frühstück ans Bett kriegen.

Für den Fall, daß Gert kein Versprechen brach und Sibille keine Bemerkungen in Form von Absolutheiten machte, würden sie sich das Frühstück sonntags abwechselnd als gegenseitige Belohnung ans Bett bringen.

Sibille und Gert handelten einen Monat lang selbständig auf die empfohlene Weise. Dann trafen wir uns wieder, um zu sehen, was für Fortschritte sie gemacht hatten. Diese simplen aber bedeutungsvollen Vorschläge hatten einen grundlegenden Wandel zum Besseren hin zur Folge gehabt. »Ich würde sagen, daß Sibille und ich uns in den letzten paar Wochen wieder so nah gekommen sind, wie wir es in den ersten Jahren unserer Ehe waren.« Sibille pflichtete Gert bei und fügte hinzu, daß sie jetzt, seitdem sie sich Gert gefühlsmäßig soviel näher fühlte, viel empfänglicher fürs Sexuelle geworden wäre. Und Gert sagte, daß ihr Liebesleben jetzt nicht mehr »alltäglich« sei.

Wir wollen nicht den Eindruck erwecken, daß Ehetherapie im allgemeinen so einfach ist oder so geradewegs zum Ziel führt. Oft besuchen uns Paare, deren beiderseitiges Bedürfnis, die Vorteile des anderen zu sabotieren, über ihren Wunsch, ihre Ehe zu retten, hinauszugehen scheint.

Worum es in dieser Fallgeschichte geht, ist zu zeigen, wie es tatsächlich möglich ist, mit Ehepaaren, die bereit sind, Anweisungen auszuführen, und die mit daran arbeiten, die therapeutischen Ziele zu erreichen, schnell und folgerichtig wesentliche Veränderungen zustande zu bringen. Sehr oft kann man auf ein paar entscheidende Fehler hinweisen und, indem man diese bestimmten Fehler beseitigt, weitreichende und positive Veränderungen herbeiführen.

Fall Nr. 4: Zwangshandlungen

Ein junger Mann von dreiundzwanzig war ein zwanghafter Kontrollierer. Er machte sich selbst fast verrückt, indem er die meisten Sachen — fünfmal oder öfters — immer und immer wieder überprüfte. »Hab' ich auch das Licht ausgemacht? Hab' ich den Ofen abgestellt? Hab' ich den Wagen auch nicht im Parkverbot stehen? Hab' ich daran gedacht, meine Brieftasche einzustecken?« Wenn er sich, indem er solche Sachen von Zeit zu Zeit überprüfte, immer wieder aufs neue versichert hatte, gab es keine Probleme. Dann wurde er als ein umsichtiger, selbstbewußter Mensch geschätzt. Aber der junge Mann ging die besagten Fragen immer und immer wieder durch. Einmal verließ er während eines Konzerts siebenmal den Saal, um nachzusehen, ob er das Licht an seinem Wagen ausgeschaltet hatte. Er erklärte, daß er in solchen Fällen anfange, einen steigenden Grad von Angst zu spüren, wenn diese lästigen Gedanken auftauchten, und daß er sich gezwungen fühlte, sie abzustellen.

Es war ganz augenscheinlich, daß er in den meisten Bereichen seines Lebens Fehler Nr. 11 beging: Er versuchte zu vermeiden, Risiken einzugehen — welcher Art auch immer sie sein mochten. Es war klar, daß das sein Leben so einschränkte, daß er meistens frustriert und verärgert war. Er arbeitete als Elektriker, obwohl seine Ausbildung und seine Fähigkeiten für eine bedeutend besser bezahlte Stellung ausgereicht hätten. Privat kam er mit niemandem zusammen und führte ein höchst eintöniges Dasein.

Es schien auf der Hand zu liegen, daß sich sein Leben zum besseren hin verändern würde, wenn wir ihn ermutigen könnten anzufangen, etwas zu riskieren. Es stellte sich aber heraus, daß er sich gegen eine Änderung ganz ungemein sträubte. Hinter jeder Ecke sah er vielerlei Arten eingebildeter Gefahren lauern. Zu einer Sitzung kam er mit Selbstmordgedanken:

»Es hat keinen Zweck. Genausogut könnte ich mich umbringen.« Der Therapeut reagierte folgendermaßen:

T: Warum bringen Sie sich nicht mit Ihren Zwangshandlungen um?
K: Ich versteh' nicht.
T: Unterlassen Sie alle Ihre Kontrollen! Nach Ihrer Theorie schweben Sie dann in größter Gefahr, möglich, daß Sie zum Schluß sogar dabei umkommen.
K: Das wäre ein langsamer Tod. Ich will schnell sterben.
T: Gut, warum dann nicht eine »Woche vor dem Selbstmord« veranstalten?! Tun Sie alles, was Sie vorher nicht getan haben. Hören Sie auf, Dinge zu überprüfen! Bitten Sie Frauen um Verabredungen! Bitten Sie Ihren Arbeitgeber um eine Gehaltserhöhung! Laden Sie Freunde zum Essen ein! Fliegen Sie übers Wochenende nach Spanien! Ich meine, nehmen Sie Risiken auf sich und spielen Sie richtig verrückt! Wenn die Woche vorbei ist, können Sie sich umbringen.

Es war mehr nötig als das obige Gespräch, um ihn zu überzeugen, eine Woche voller (für ihn) enorm risikoreicher Unternehmungen zu probieren, bevor er sich entscheiden würde, ob er Selbstmord begehen sollte oder nicht. Aber schließlich stimmte er zu, in der besagten Woche mindestens zehn Risiken einzugehen und nach Ablauf von sieben Tagen wiederzukommen und zu berichten.
Wie die meisten Leute wohl vorausgesagt hätten, war er Ende der Woche nicht mehr in Selbstmordstimmung, sondern, im Gegenteil, der Ansicht, daß er in der Lage wäre, seine Probleme zu überwinden. Darüber hinaus war noch einige Arbeit zu leisten, aber in diesem Fall geht es darum zu demonstrieren, wie — durch Überwindung eines bestimmten Problem-

bereichs — ein entscheidender, ja, lebenswichtiger Schritt getan wurde, der schließlich zu vielen positiven Veränderungen führte.

Fall Nr. 5: Ständig unglücklich

Frau R., eine zweiundfünfzigjährige Grundschullehrerin, klagte darüber, ständig unglücklich zu sein, unter ziehendem Kopfweh, Angst und Depressionen zu leiden. Ein Gespräch ergab, daß sie nahezu jeden der in diesem Buch besprochenen Fehler gemacht hatte. Die vier sich am zerstörerischsten auswirkenden Fehler waren in ihrem Fall Nr. 7, Nr. 11, Nr. 13 und Nr. 16. So verlieh sie nur selten ihren eigenen Bedürfnissen und Wünschen Ausdruck, war aber stets für die der anderen da. Sie bemühte sich, »auf Nummer Sicher zu gehen« und neigte dazu, »schlafende Hunde nicht zu wecken«, anstatt ihre Rechte zu vertreten und durchzusetzen. Im Verhältnis zu den meisten anderen Menschen betrachtete sie sich als der weniger wertvolle. Und außerdem hatte sie auch noch den Hang, alles daranzugeben, um anderen Leuten zu gefallen (Fehler Nr. 8).

Die verschiedenen Punkte unter »Überdenken« und »korrigierende Handlungen« wurden systematisch in Angriff genommen. Während der Arbeit mit Frau R. erschien es uns so, als wäre ihre *Selbstunsicherheit* mit großer Wahrscheinlichkeit die Wurzel einer Reihe dieser Übel. Wie allzuviele Frauen in unserer Gesellschaft war sie dazu gebracht worden, sich selbst als Menschen zweiter Klasse zu betrachten. Sie fühlte, daß »Weiblichkeit« und Passivität aufs engste miteinander verbunden waren. Es war ganz einfach »unweiblich«, nicht »damenhaft«, als Frau seine Rechte zu vertreten und durchzusetzen.

Diese Ansichten wurden im einzelnen mit dem Therapeuten

diskutiert und von ihm in Frage gestellt. Kleine aber entscheidende Aspekte ihrer gehemmten, unterdrückten Handlungsmöglichkeiten wurden in die Therapie aufgenommen und direkt verändert. Wenn sie zum Beispiel den Therapeuten anrief, sagte sie: »Herr Doktor, hier ist Marianne.« Für viele Leute, zu denen sie »Herr«, »Frau«, »Herr oder Frau Doktor« sagte, war sie »Marianne«. Sie hatte einen Termin bei ihrem Frauenarzt, der es gewohnt war, sie beim Vornamen zu nennen und sie wie ein Kind zu behandeln schien.

T: Werden Sie ihn auffordern, Sie mit »Frau R.« anzureden? Oder, vielleicht sagen Sie nicht mehr »Dr. Hartung« zu ihm und nennen ihn »Hans«?!

K: Nein. Dann wär' mir doch lieber, daß er »Frau R.« zu mir sagt.

T: Gut, spielen wir das mal durch. Ich spiel' den Arzt. »Hallo Marianne, hier spricht Dr. Hartung.«

K: (Pause) Ich kann es nicht.

T: Sie können! Sie glauben nur, daß es so schwer für Sie ist. Lassen Sie uns noch mal anfangen!« »Hallo Marianne, hier spricht Dr. Hartung.«

K: Vielen Dank, Dr. Hartung, daß Sie zurückrufen. Bevor wir meine Befunde besprechen, möchte ich Sie grad noch bitten, ob Sie mich nicht »Frau R.« anstatt »Marianne« nennen wollen. Ich würde mich wohler dabei fühlen.

Auf der nächsten Sitzung berichtete sie, daß sie den Satz gesagt hätte, und zwar nicht nur zum Frauenarzt, sondern auch zur Sprechstundenhilfe. Während sie sich darüber freute, fühlte sie sich doch gleichzeitig schuldig, weil sie sicher war, daß sie sie jetzt nicht mehr leiden könnten.
Von den meisten Menschen fühlte sie sich eingeschüchtert. Besondere Schwierigkeiten hatte sie mit der Schulleiterin, einer äußerst herben, verbitterten Frau, die die Lehrer oft über-

streng beurteilte und verletzte. Frau R. wurde gebeten, in Anwesenheit des Therapeuten folgende Äußerungen zu machen, sie zu Hause zu üben und dann in der Schule ein paarmal täglich zu sich selbst zu sagen:

1. **Es gibt hier nur Beamte, keine Arbeitgeber.**
2. **Ich weiß, daß ich meine Arbeit zufriedenstellend ausführe.**
3. **Sie legt sich mit den meisten Leuten an, nicht nur mit mir.**
4. **Es gibt nur sehr wenig, womit sie mich verletzen kann. Ich kann als Beamtin ja nun wirklich nicht auf die Straße gesetzt werden, und außerdem gibts ja auch noch die Gewerkschaft.**
5. **Zu dumm, daß es ihr so schlecht geht, aber ich will nicht länger zulassen, daß ich mich über ihre Kritisiererei aufrege!**

Darüber hinaus wurde sie aufgefordert jeden Vorfall, bei dem sie sich selbstunsicher verhielt, in ihr Notizbuch einzutragen und ein selbstsichereres, durchsetzungsfähigeres Verhalten aufzuschreiben, das sie hätte ausführen können.
Im Büro des Therapeuten machte sie Rollenspiele, indem der Therapeut zuerst die Rolle der Vorgesetzten übernahm und dann Frau R. spielte, um ihr zu zeigen, wie ein selbstsicheres, durchsetzungsfähiges Verhalten aussehen würde. Das Endresultat war, daß Frau R., als die Rektorin sie das nächste Mal angriff, folgendermaßen reagierte: »Ich bin auch ein Mensch und ich habe Gefühle. Schreien Sie mich bitte nicht so an! Wenn irgend etwas mit meiner Arbeit ist, von dem Sie möchten, daß ich es anders mache, dann lassen Sie mich das bitte wissen und ich werde mein Bestes tun!«
Häufiges Rollenspiel während der nächsten Sitzungen und

Frau R.'s Übungen zwischen den Sitzungen führten sehr schnell zu einem höheren Selbstwertgefühl.

Was sich außerdem als sehr erfolgreich erwies, war ein systematisches Programm zur Erhöhung des Anteils an Freude in ihrem Leben.

Innerhalb von zwei Monaten fielen den meisten Leuten, die sie kannten, die positiven Veränderungen in und an ihr auf.

Ein Wort zur medikamentösen Behandlung

Wir sind der Ansicht, daß die Selbsthilfetechniken, die in diesem Buch dargestellt sind, einen großen Anwendungsbereich haben; aber in manchen Fällen ist doch die Hilfe eines Fachmannes erforderlich. Ein solcher Fall liegt zum Beispiel vor, wenn es ums Verschreiben von Medikamenten geht. Für einige Menschen sind bestimmte Medikamente unbedingt notwendig, unter Umständen lebenswichtig. Menschen, die unter bestimmten Arten von Depression leiden, mit Gefühlsschwankungen, die ohne ersichtlichen Grund von »himmelhoch jauchzend« bis »zu Tode betrübt« reichen, Menschen mit ernstzunehmenden Ängsten, und insbesondere Personen, die zu wiederholten Zusammenbrüchen neigen, bei denen irrationale Gedanken und Gefühle Herr über sie zu werden scheinen, ziehen großen Nutzen aus dem angemessenen Gebrauch von Psychopharmaka, wenn sie *ergänzend* zu den Neu-Lern-Methoden angewendet werden, die wir dargestellt haben. Medikamentöse Behandlung ist kein Ersatz für das Erlernen neuen Denkens und Handelns, obwohl es vielen mit der richtigen Tablette bemerkenswert besser geht. Sehen Sie zu, daß Sie selbstsicher und durchsetzungsfähig genug sind und dem Arzt sagen, ob Ihnen ein bestimmtes Mittel hilft oder nicht! Prägen Sie sich den Namen des Mittels, die angeordnete Dosis sowie mögliche Nebenwirkungen genau ein und vergessen Sie nicht, wofür es Ihnen verschrieben wurde!

Unglücklicherweise wissen viele der Menschen, die von der Einnahme von Medikamenten profitieren könnten, nichts von ihrer Bedeutung, oder sie wollen keine Medikamente einnehmen. Sie haben das Gefühl, daß medikamentöse Beeinflussung eine Krücke darstellt, und sie wollen »unabhängig« sein und es allein schaffen. Das hängt erkennbar mit Fehler Nr. 12 zusammen, der die Einstellung zur Abhängigkeit und Unabhängigkeit betrifft. Gegen bestimmte psychische Fehlfunktionen Medikamente einzunehmen, hat nicht mehr von einer Krücke, als wenn Sie eine Brille tragen, weil Sie schlecht sehen, oder Tabletten gegen Allergie einnehmen, weil Sie furchtbar unter Heuschnupfen leiden.
Wir warnen davor, ins Gegenteil zu verfallen und den Fehler zu begehen, sich wahllos mit Pillen vollzustopfen, als wären sie die Antwort auf Ihre Probleme.
Einige Leute mögen keine Medikamente einnehmen, weil sie meinen, damit die Kontrolle über sich selbst aus den Händen zu geben. Ganz im Gegenteil: Die Verfügbarkeit von Medikamenten gibt dem Verbraucher die Möglichkeit an die Hand zu kontrollieren, was auch immer für chemische Substanzen ihm bei der Beseitigung seiner Schwierigkeiten helfen könnten. In der Tat handelt derjenige vernünftig, der die Hilfsmittel, die seine Umwelt ihm anbietet, zu seinem Nutzen zu gebrauchen versteht und sein eigenes Glück und Wohlbefinden zu fördern weiß.

Und nun die Bilanz

Im Laufe der Jahre hat es in den Bereichen von Psychologie und Psychiatrie bemerkenswerte Veränderungen gegeben. Wir glauben mit ganzem Herzen an die wachsende Tendenz, Therapie — Problemlösen — weniger mysteriös, weniger kompliziert und weniger krankheitsorientiert zu machen.

Wenn Sie es mit einer psychischen oder gefühlsmäßigen Schwierigkeit zu tun haben, schlagen wir Ihnen vor, folgendermaßen vorzugehen: (1) Definieren Sie das Problem! (2) Akzeptieren Sie die Ansicht, daß Sie größtenteils gelernt haben, gerade auf diese Art zu denken, zu fühlen und zu handeln, und *daß Sie es deshalb auch wieder verlernen können!* (3) Finden Sie einen Weg, das Problem meßbar zu machen, um zu sehen, wie oft es auftritt oder mit welcher Stärke es auftritt! Sie könnten zum Beispiel feststellen, wie häufig störende Gedanken auftauchen oder wie groß ihr Übergewicht ist. (4) Finden Sie einen Weg, die Häufigkeit oder Ernsthaftigkeit zu mindern, während Sie gleichfalls solche positiven und flexiblen Faktoren steigern, die Ihre Zufriedenheit und Ihr Glück vermehren können! Dieser Schritt erfordert Vorstellungskraft und Übung, und in der Tat könnten Sie an diesem Punkt das Gefühl haben, am liebsten jemanden aufsuchen zu wollen, der/die dazu ausgebildet und dem/der es vertrauter ist, auf diese Weise zu denken. (5) Gestehen Sie sich selbst ein, daß Sie, wenn Sie weiterhin auf eine bestimmte

Art und Weise fühlen, handeln und denken — auf die Art und Weise, die Ihnen Probleme bereitet — sich dafür entscheiden, es zu tun! Und das, wo es Ihnen doch tatsächlich möglich wäre zu entdecken, wie Sie sich ändern könnten, und wo Sie doch in der Lage wären, die ganz bestimmten konkreten Anstrengungen zu unternehmen, um sich zu ändern!

Es liegt ganz bei Ihnen! Wenn Sie keinen Erfolg haben, kann das bedeuten, daß Sie nicht genug darauf hingearbeitet haben, oder daß es Ihnen mehr bringt, so zu bleiben, wie Sie sind, oder daß Sie und wir — Ihre Therapeuten — nicht einfallsreich genug waren. *Es bedeutet aber nicht, daß Sie ein hoffnungsloser Fall sind!*

Wir können es nicht oft genug sagen: Die Hauptfunktion von Therapie ist sozusagen eine pädagogische. Zu Therapiesitzungen zu kommen oder Selbsthilfebücher zu lesen, ohne Praxis und ohne Hausaufgaben zu machen, ist dasselbe, wie Kurse an der Volkshochschule zu belegen ohne zu lesen oder zu lernen. Es ist dasselbe, als wenn man Klavierunterricht nimmt und nicht übt. Sie mögen dabei ja etwas zustande bringen, aber es wird nur ein Bruchteil von dem sein, was Sie auf die andere Weise hätten erreichen können. Ein Notizbuch führen, Beobachtungen eintragen, die Sie über Ihr eigenes Denken und Verhalten machen, und neues Denken und Verhalten praktizieren und einüben, das sind die besten Methoden, um sich zu *ändern.* Es wird nicht erwartet, daß Sie jedes Beispiel unter jedem Fehler anwenden. Bemühen Sie sich nur gründlich in den Bereichen, die am meisten auf Sie zutreffen!

Diejenigen von Ihnen, die einen Therapeuten aufsuchen wollen, würden wir gern daran erinnern, daß wir Therapie als ein Mittel betrachten, mit dem Sie Ihre Probleme lösen können und als einen Weg ansehen, der zur Veränderung führt. Sinn und Zweck der Therapie bestehen nicht einfach darin, eben mal über Probleme zu sprechen. Unserer Meinung nach ist der Therapeut/die Therapeutin jemand, der/die ganz einfach seine/ihre Erfahrungen mit Ihnen teilt. Sie/er ist eine Beraterin/ein Berater, die/der dafür bezahlt wird, daß sie/er den Leuten verschiedene Möglichkeiten und Techniken aufzeigt, auf die Sie vielleicht selbst nicht gekommen wären. Es besteht kein großer Unterschied zum Besuch bei einem Spezialisten auf einem anderen Gebiet. Wenn Sie versuchen würden, auf eigene Faust Französisch zu lernen und dabei Schwierigkeiten hätten, dann würden Sie sich schließlich aller Wahrscheinlichkeit nach entschließen, bei einem Fachmann Französischstunden zu nehmen.

Wir versuchen ständig, die Wichtigkeit des »Selbstmanagements« zu betonen — die Vorstellung, daß Sie Herr über Ihr eigenes Schicksal sind, daß Sie in Ihrem Leben Ihre eigenen Entscheidungen fällen. Sie mögen effektivere Methoden gezeigt bekommen, wie Sie etwas tun können, aber es liegt an Ihnen, die gegebenen Vorschläge anzunehmen oder zu verwerfen. Mit dieser Vorstellung im Hinterkopf könnte es nützlich für Sie sein, an die Fehler zu denken, die Sie vielleicht machen, und sich entlang den Leitfäden, die wir skizziert haben, Ihre eigenen »Rezepte« zusammenzustellen. Worum es sich — unserer Überzeugung nach — letztlich dreht, haben wir in groben Zügen dargestellt: die zwanzig *häufigsten, am weitesten verbreiteten* Fehler. Aber es gibt viele Variationen. Schreiben Sie Ihre falschen Annahmen und Einstellungen auf und finden Sie Mittel und Wege, irreführende Gedanken und falsches Verhalten zu verändern! Einige Beispiele anderer alltäglicher Fehler könnten sein: (1) Wenn du anders bist als die andern, dann stimmt was nicht mit dir. (2) Versuche, von allen geliebt und geachtet zu werden! (3) Du kannst deiner Vergangenheit nicht entfliehen. (4) Menschen sollten für ihre Missetaten und Verbrechen bestraft werden! — Und viele andere mehr.

Die Lösungen und Anweisungen, von denen wir hier und jetzt reden, sind nicht neu. Seit Jahrtausenden haben Millionen von

Menschen rein intuitiv dasselbe getan. Was wir versucht haben, für Sie zu tun, ist, das Material auf eine einfache, systematische Weise in knapper Form zu organisieren. Es ist weniger unsere Hoffnung, Ihnen auf Ihre Probleme die allerletzte Antwort geben zu können, als vielmehr eine Orientierungsmöglichkeit bereitzustellen, die Ihnen helfen kann, Ihr Leben in kurzer Zeit zu ändern. Wir sind der festen Überzeugung, daß das geschehen wird und daß Sie Ihren Nutzen daraus ziehen werden. *Nochmal:* Nur wenig im Leben bekommt man geschenkt; um etwas zu ändern, muß man was tun! Und wir haben die Erfahrung gemacht, daß viele Leute, die sich für »gestört«, »krank« oder »hoffnungslos« hielten, sehr schnell positiv auf die in diesem Buch skizzierten Methoden reagierten.

Wir fordern Sie auf: Fragen Sie sich selbst, wie wichtig es für Sie ist, die Dinge zu ändern, unter denen Sie leiden! Fragen Sie sich selbst, was Sie aufzugeben bereit wären, um die Änderungen zustandezubringen, von denen Sie sagen, Sie wünschten sie! Wenn Sie bereit wären, eine ganze Menge aufzugeben, dann fragen Sie sich, ob Sie für ein paar Wochen oder Monate eine halbe Stunde täglich investieren wollen! Sie werden über das Ergebnis staunen!

Jetzt wären wir geneigt, »viel Glück« zu sagen, aber, wie Sie sehen: Mit Glück hat dieses Unternehmen so gut wie gar nichts zu tun.

Denken Sie daran: *Ich kann, wenn ich will!*